BAUSTEINE

Spracharbeitsheft 4

Teil B

Herausgegeben von
Gabriele Hinze

Erarbeitet von
Björn Bauch, Ulrike Dirzus, Gabriele Hinze,
Ingrid Messelken, Siegfried Müller und Luitgard Schell

Diesterweg

Bausteine Spracharbeitsheft 4

Erarbeitet von Björn Bauch, Ulrike Dirzus, Gabriele Hinze,
Ingrid Messelken, Siegfried Müller und Luitgard Schell

Auf der Grundlage von Bausteine Sprachbuch 4 und Übungsheft 4
Erarbeitet von Björn Bauch, Ulrike Dirzus, Matthias Greven,
Gabriele Hinze, Susan Krull, Luitgard Schell und Hans-Peter Schmidt
Unter Beratung von Rosie Mester

Illustrationen von Susanne Bochem, Nicole Bonzelius-Lorenz,
Barbara Gerth-Mohr, Julia Ginsbach, Falko Honnen, Peter Knorr,
Hildegard Müller, Lutz-Erich Müller, Hans-Georg Schmaderer,
Angelika Schuberg-Ahrens, Dorothea Tust

Abbildungsnachweis
Seite 18 unten: Stockfood, München
Seite 46: „Wassily Kandinsky: Murnau mit Kirche", Maurice Babey, akg-images Berlin
Seite 74/75: Klaus G. Kohn, Braunschweig, S. 74 rechts unten: DRV, S. 75 (Badmintonmotiv) alamy

Quellennachweis
Seite 24: Imants Ziedonis: In einer Stadt. Aus: Farbige Märchen, Liesma, Riga 1973.
Georg Bydlinski: Die Dinge reden. Aus: Die bunte Brücke. Herder, Freiburg/Br. 1992
Seite 27: Franz Fühmann: Was alles in den Dingen steckt. Aus: Die dampfenden Hälse der Pferde im Turm von Babel. Sprachspielbuch. Der Kinderbuchverlag, Berlin 1978.
Seite 50: Käpt'n Blaubär, WDR mediagroup licensing GmbH

Alle Beiträge sind Originalbeiträge der Autorinnen und Autoren.

Dieses Werk folgt der reformierten Rechtschreibung und Zeichensetzung 2006.
Ausnahmen bilden Texte, bei denen künstlerische, philologische
oder lizenzrechtliche Gründe einer Änderung entgegenstehen.

Druck A^4 / Jahr 2011
Alle Drucke der Serie A sind im Unterricht parallel verwendbar.

Redaktion: Eric Fischer
Herstellung: Sonja Burk, Frankfurt am Main
Typografie: Raphaela Mäntele
Satz: Bibliomania GmbH, Frankfurt am Main
Druck und Bindung: westermann druck GmbH, Braunschweig

ISBN: 978-3-425-**11259**-6
ISBN: 978-3-425-**11260**-2 (mit CD-ROM)

INHALT

Quiesel-Karte verwenden

in der Gruppe arbeiten

ins Heft schreiben

Informationen beschaffen

BERUFE

1 Welche Berufe haben die Menschen auf dem Bild? Schreibe einige auf.

2 Spielt einige Berufe mit typischen Bewegungen vor, ohne dabei zu sprechen. Die anderen Kinder raten.

1 Welcher Beruf interessiert euch besonders? Bildet Gruppen und bereitet ein Interview vor, um euch über diesen Beruf zu informieren:
- Überlegt, wen ihr fragen könnt?
- Vereinbart Zeitpunkt, Ort und Dauer der Befragung.
- Sammelt Fragen zu dem Beruf. Die Fragen müssen verständlich und höflich sein.

2 Führt das Interview durch. Notiert die Antworten oder nehmt sie auf.

3 Stellt die Berufe in der Klasse vor.

Später einmal

(1) In sechs Jahren **werde** ich meinen Schulabschluss **machen**.

( ) Nach drei Jahren Ausbildung **werde** ich meine Gesellenprüfung **ablegen**.

( ) Vier Wochen später **werde** ich schon kleine Arbeiten selbst **ausführen**.

( ) Eines Tages **werde** ich eine eigene Werkstatt **haben**.

( ) Im Sommer danach **werde** ich eine Lehre in der Kfz-Werkstatt **anfangen**.

1 Erkläre den Zeitpfeil.
Trage die voraussichtlichen Jahreszahlen ein.

2 Ordne die Sätze richtig zu.
Nummeriere die Bilder.

3 Schreibe den Text in der richtigen Reihenfolge auf.

4 Wie stellst du dir deine Zukunft vor?
Schreibe eine eigene Zukunftsgeschichte.

5 Überarbeitet eure Texte in einer Schreibkonferenz.

Stimmt die Erzählzeit?
Hast du die Zeitform gewechselt?
Zukunft: er wird gehen

Reihenfolge
Stimmt die Reihenfolge?
Ist die Geschichte logisch erzählt?

Satzanfänge
Sind die Satzanfänge abwechslungsreich?
Du kannst die Sätze auch umstellen.

Berufe raten

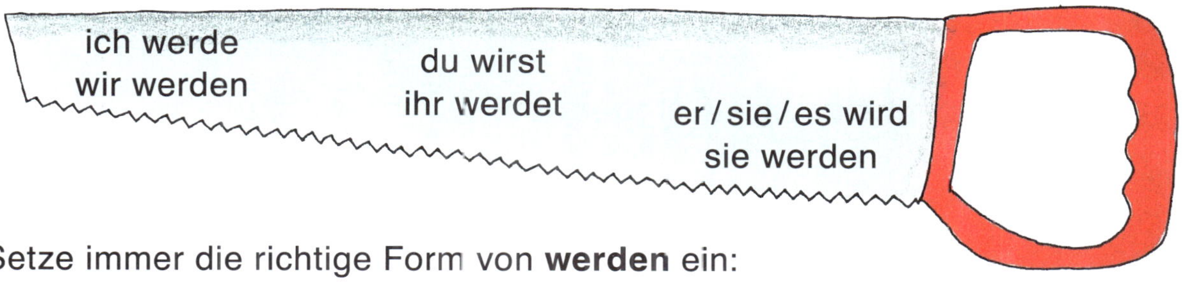

1 Setze immer die richtige Form von **werden** ein:

Ich __________ in einer Werkstatt arbeiten. Ich __________ aber nicht alles alleine machen. Auch andere Gesellen __________ an den Maschinen stehen. Die Hobelspäne __________ nur so durch die Luft fliegen. Wir __________ Sachen aus Holz herstellen. Wir __________ verschiedene Hölzer im Angebot haben. Die Kunden __________ sich dann etwas aussuchen können. Ich __________ ganz vorsichtig mit der Elektrosäge umgehen. Und ich __________ Lärmschützer tragen. Der Meister __________ mir noch andere Sicherheitsmaßnahmen zeigen. Ich __________ gut aufpassen. Eines Tages __________ ihr meine Möbel kaufen können.
__________ du herausbekommen, wie mein Beruf heißt?

2 Markiere immer die Zukunftsform des Verbs:
Ich werde in einer Werkstatt arbeiten. …

3 Schreibe auf, welcher Beruf gemeint ist: __________

4 Erfinde Ratetexte für andere Berufe und schreibe sie auf.
Markiere immer die Zukunftsform des Verbs.

Die **Zukunftsform** des Verbs wird aus zwei Wörtern gebildet:
der **Personalform von werden** und der **Grundform des Verbs**:
*Wir **werden** sehr schnell **lernen**.*
Die Personalformen von *werden* sind: *ich werde, du wirst, er/sie/es wird, wir werden, ihr werdet, sie werden.*

In der Zukunft

Vergangenheit	Gegenwart	Zukunft
letzte Woche		

~~letzte Woche~~ heute gerade in Zukunft früher zurzeit einst damals zukünftig jetzt bald gestern später im Moment morgen

1 Ordne die Wörter in die Tabelle ein.

Schule im Weltraum
In Zukunft fliegt Futi durch die Straße zur Schule. Er landet auf seiner Lernstation. Dort arbeitet Futi an Lernmaschinen. Nur selten sieht er eine Lehrerin. In der Pause holt er sich sein Essen aus einem Fach. Am Abend treffen sich alle zum Weltraumfußball.

2 Markiere alle Verben im Text.

3 Schreibe den Text in der Zukunftsform mit *werden* auf:

In Zukunft wird Futi durch die Straße zur Schule fliegen.

4 Markiere in jedem Satz die Personalform von *werden* und das Verb in der Grundform.

Berufe und Geräte

① Tapete

◯ Pflaster

◯ Mullbinde

◯ Kartenständer

① Tapezierer

◯ Tafel

◯ Kleisterbürste

◯ Nahtroller

◯ Sprachbuch

③ Ärztin

◯ Tapeziertisch

◯ Salbentube

② Lehrer

◯ Kreide

◯ Spritze

verwenden, benötigen, benutzen, brauchen

1 Welche Gegenstände gehören zu welchem Beruf? Ordne zu.

2 Schreibe zu jedem Beruf einen Satz, in dem du die Gegenstände aufzählst, die man verwendet:

Der Tapezierer braucht Tapete, ______________________

____

____

____

____

____

3 Markiere die Kommas zwischen den aufgezählten Gegenständen.

Zwischen Wörtern, mit denen wir etwas aufzählen, werden Kommas gesetzt: *Der Maurer hat eine Kelle, eine Wasserwaage, ein Lot und eine Schubkarre.*

Wo …?

1 Schreibe die Fragen und die Antworten auf. Markiere.

Wo liegt der Hammer? – in dem Werkzeugkasten

2 Schreibe die Fragen mit **Wo?** und die Antworten dazu auf.

3 Markiere in den Antworten den Artikel und das Nomen im **Wem-Fall**.

Wenn du mit „**Wo?**" fragst, steht das Nomen in der Ortsangabe im **Wem-Fall** (Dativ).

Wohin ...?

1 Wohin gehören die Gegenstände?
Vergleiche mit dem Bild auf Seite 10. Zeichne Pfeile.

2 Schreibe die Fragen und die Antworten auf.
Markiere in den Antworten den Artikel und das Nomen.

Wohin gehört der Hammer? – in den Werkzeugkasten

3 Schreibe die Fragen mit **Wohin?** und die Antworten dazu auf.

4 Markiere in den Antworten den Artikel und das Nomen im **Wen-Fall**.

Wenn du mit „**Wohin?**" fragst, steht das Nomen in der Ortsangabe im **Wen-Fall** (Akkusativ).

Traumberuf

Lisa will später einmal in einem zoo arbeiten. Als Tierpflegerin möchte sie die Tiere beobachten, sie pflegen und teglich mit Futter versorgen. Natürlich gehört es auch zu ihren Aufgaben, die Unterkünfte der Tiere zu seubern. Lisa weiß, dass bedrote Tierarten im Zoo geschützt werden. Sie hat sogar schon von Programen zur Wiederauswilderung von Tieren gehört, die in einem Zoo geboren wurden. Ein Beischpiel dafür ist der Alpensteinbock. Das Aufziehen der Junktiere stellt Lisa sich besonders interessant vor. In ihrem Zimer hängt ein Bild von einem kleinen Affen an der Want. Der wird mit der Flasche gefüttert. In den nächsten Ferien wird Lisa die ~~gelegenheit~~ haben, einem Tierpfleger bei der Arbeit zu helfen.

1 Lies den Text.

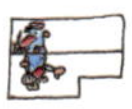

2 Markiere die Fehler im Text. Benutze dazu die Quiesel-Karte und lies den Text Wort für Wort von hinten.

3 Schreibe die zehn Fehlerwörter richtig auf. Schreibe dazu, welche Strategie dir bei der Rechtschreibung hilft.

1) die Gelegenheit – Nomen schreibt man groß

2)

Rätsel

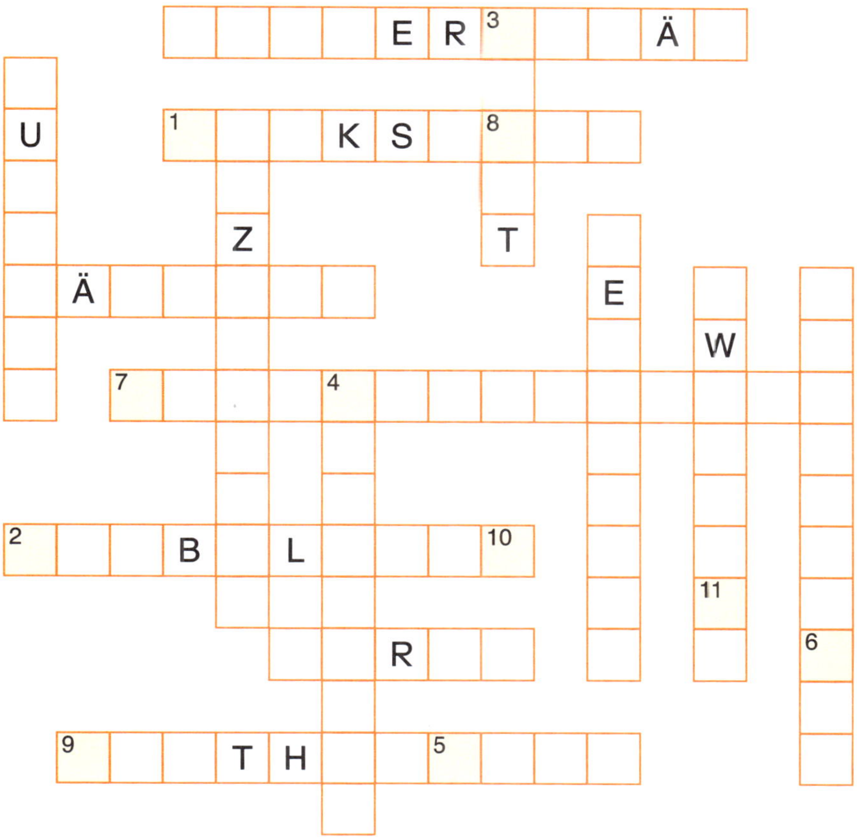

W

die Apothekerin
die Ausbildung
der Beruf
die Erzieherin
die Schubkarre
die Stadt
die Universität
die Wasserwaage
die Werkstatt
die Zukunft
studieren
wählen
demnächst
nämlich
wahrscheinlich
zwischen

1 Löse das Rätsel:

1	2	3	4	5	6	7	8	9	10	11

Berufe
Es gibt viele Berufe, die man erlernen kann. Meine Freundin Nora will nach der Schule Apothekerin oder Erzieherin werden. Ich möchte eine Ausbildung als Maurer machen. Das habe ich mir gut überlegt. Mit Schubkarre, Wasserwaage, Kelle und Schaufel habe ich schon oft gearbeitet. Für manche Berufe muss man viel lernen. Mein Freund Ole will in eine Stadt ziehen, um an einer Universität zu studieren. Wenn man einen Beruf wählt, muss man sich überlegen, ob man später auch Spaß daran haben wird. In Zukunft wird es wahrscheinlich noch mehr Berufe geben als heute.

2 Schreibe alle Wörter auf, die weniger als fünf Buchstaben haben.

RITTER

1 Wie heißen die Teile einer Burg? Schreibe die Zahlen vor die Begriffe.

2 Die Bauernfamilie bringt mit ihrem Wagen Lebensmittel in die Burg. Beschreibe den Weg.

1 Welche Fragen habt ihr zu Burgen und Rittern?

2 Schreibe eine Frage in den Schild:

3 Sucht Antworten auf eure Fragen in Büchern, Zeitschriften und im Internet.

4 Gestaltet einen Ausstellungstisch.

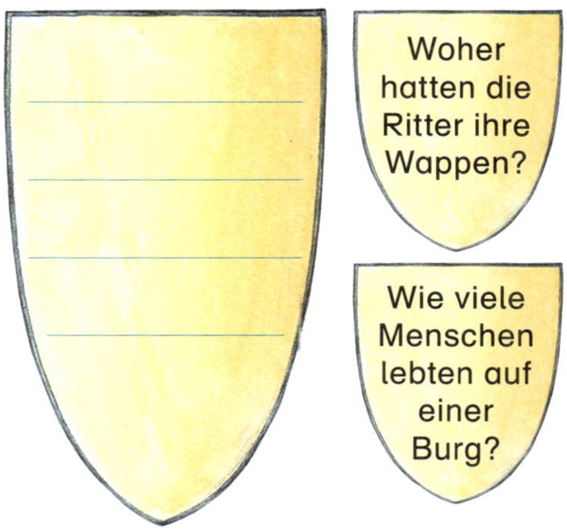

Till und seine Eltern wollen die Burg Bärenfels besichtigen. Auf dem großen Parkplatz stellen sie ihr Auto ab. Tills Eltern ruhen sich vor der Burgbesichtigung noch ein bisschen aus. Sie setzen sich auf eine Bank. Auf der Weide ist ein Pferd. Till beobachtet, wie es grast. Er träumt vor sich hin. Auf einmal sieht er am Burgtor einen Ritter stehen. Der zieht sein Schwert und winkt ihm damit zu. …

1 Überlege, wie die Geschichte weitergehen könnte.

2 Finde eine Überschrift.

3 Schreibe die Geschichte auf.

4 Überarbeite deine Geschichte.

Wer ist dabei?
Wer erzählt?
Welche Personen erleben etwas?
Hast du die Geschichte in der
Er-Form weitererzählt?

Stimmt die Erzählzeit?
Hast du die Zeitform
gewechselt?

Passende Überschrift?
Nicht zu viel verraten.
Zum Lesen verlocken.

Einleitung – Hauptteil – Schluss
Einleitung: Wer? Wann? Wo?
Hauptteil: Was passiert? Warum?
Schluss: Wie endet es?

Ein Rittergedicht

Ich zôch mir einen valken
mêre danne ein jâr.
Dô ich in gezamete
als ich in wolte hân
und ich im sîn gevidere
mit golde wol bewant,
er huop sich ûf vil hôhe
und fluog in anderiu lant.

zôch = zog
valken = Falken
mêre = länger
dô = als
gevidere = Gefieder
bewant = umwickelte
huop = hob
vil hôhe = sehr hoch

1 Lies das Gedicht laut (^ = langer Selbstlaut). Wovon berichtet es?

2 Übertrage das Gedicht in unsere heutige Sprache. Schreibe es auf:

Zwên hunde

Zwên hunde striten umbe ein bein.
dô stuont der swecher unde grein.
was half in al sîn grînen?
er muostez bein vermîden.

Der ander der truogez
von dem tische hin zer tür:
er stuont ze sînder angesiht und gnuogez.

bein = Knochen
grein, grînen = jaulen
vermîden = aufgeben
gnucgez = sättigte sich

3 Übertrage das Gedicht in unsere heutige Sprache.

Vom Essen und Trinken

Einkaufsliste der Burg Freienstein aus dem Jahr 1395

7. August frischer Fisch, Eier, Weißbrot
9. August frischer Fisch, Eier, Ingwer, Safran, Heringe, gewürztes Backwerk
14. August Heringe, frischer Fisch, Safran, Galgantwurzel, Ingwer, Äpfel
17. August Brot, 3 Hühner, Wein, Schmalz, Käse, frischer Fisch, 2 Fass Butter, Plattenkuchen, Rüben, Birnen, Nüsse, Muskat
20. August Heringe, Eier
25. August frischer Fisch für den Herrn, Weißbrot für den Herrn, Wein, 1 Sack Salz, 3 Pfund Gewürzkräuter, frischer Fisch für die Kinder des Burggrafen, Eier, gewürztes Backwerk

1 Sortiere die Einkaufsliste nach den Oberbegriffen.

2 Ein Nahrungsmittel kannst du nicht einordnen: ______

Früchte und Gemüse: ______

______

Backwaren: ______

______

Gewürze: ______

______

tierische Nahrungsmittel: ______

______

3 Sucht in Büchern und im Internet nach den Gewürzen.
Schreibt auf, woher sie stammen und wozu man sie verwenden kann:

Galgantwurzel: stammt aus Südostasien, wird zum Würzen von Fleischgerichten und Kräuterlikören gebraucht

Safran: ______

Ingwer: ______

Muskat: ______

Festmahl auf der Burg

Ritter Kunibert hat Gäste geladen. Er überprüft in der Waffenkammer die Lanzen, Armbruste und Hellebarden. Die Burgherrin macht sich in der Kemenate fein. Die Mägde und Knechte müssen den Saal im Palas vorbereiten. Wein und Bier, Milch und Wasser hat der Mundschenk in der Burgschenke bereitgestellt. Der Koch würzt die Speisen mit Pfeffer und Nelken. Die kostbarsten Gewürze sind Safran und Muskat. Die Burgherrin bewahrt sie persönlich auf. Süßspeisen sind mit Anis und Zimt gewürzt. Das Salz steht auf den Tischen. Alle essen mit den Fingern. Jeder Gast bringt sein eigenes Messer mit. Endlich meldet der Torwächter, dass die Gäste über die Zugbrücke kommen. Der Page führt sie über den Burghof zum Palas. Alle nehmen an der großen Tafel Platz. Das Festmahl beginnt.

1 Markiere im Text alle Wörter für *Getränke*, *Gewürze* und für *Personen*.

2 Schreibe sie geordnet auf.

3 Schreibe die Begriffe geordnet auf. Finde auch den zweiten Oberbegriff.

So redeten die Rittersleute

1 In jeder Geschichte wird die Herkunft einer Redensart erklärt. Schreibe die passende Redensart unter den Schild.

2 Trage darunter auch die passende Bedeutung ein.

3 Verbinde die Redensart mit ihrer Bedeutung:

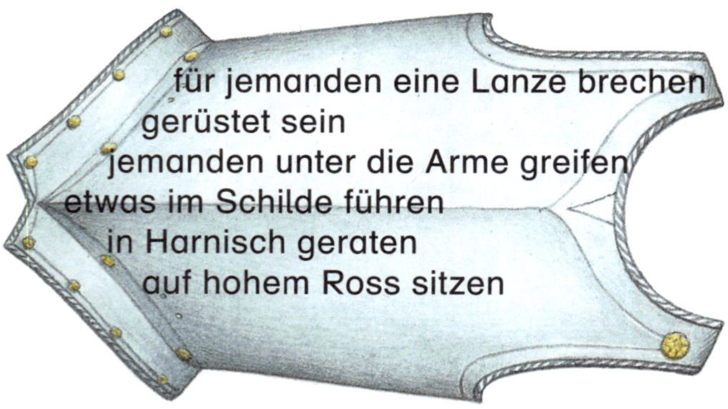

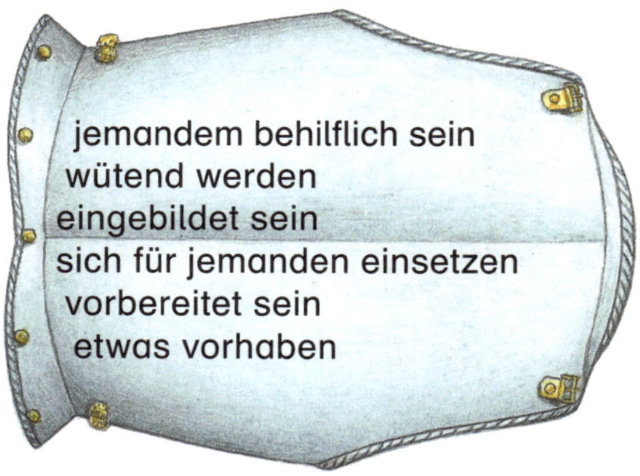

4 Schreibe sie geordnet auf.

Beim Turnier

1 jemanden genau beobachten
2 nicht erfolgreich sein
3 etwas vorhaben
4 jemandem helfen
5 jemanden besiegen
6 gut vorbereitet sein

Als der unbekannte Ritter auf dem Turnierplatz erschien, sah Urban sofort, was er **im Schilde führte** ◻. Aber Urban war unbesorgt, denn er **war gut gerüstet** ◻. Er **nahm** seinen Gegner genau **ins Visier** ◻. Diesmal wollte er ihn **aus dem Sattel heben** ◻. Plötzlich aber strauchelte Urbans Pferd, und er stürzte zu Boden. Zum Erstaunen aller **griff** ihm der unbekannte Ritter **unter die Arme** ◻. Urban begriff, dass er an diesem Tag **keinen Stich machen** würde ◻.

1 Ordne den Redensarten aus dem Text ihre heutigen Bedeutungen von der Fahne zu. Trage die Zahlen ein.

2 Schreibe den Text mit den heutigen Ausdrücken auf:

3 Markiere alle Verben in deinem Text.

4 Schreibe sie in **Vergangenheit (Präteritum)** und **Gegenwart (Präsens)** auf.

Der Weg eines Ritters

1 Auf dem Weg zur Burg findest du **Wörter mit v**.
Schreibe sie auf. Achte auf die Groß- und Kleinschreibung.

2 Markiere das **V/v**.

3 Ordne die Wörter:

Nomen: das Verlies,

Verben:

andere Wörter:

Wörter-Burg

1 Unterstreiche alle einsilbigen Wörter.
Trage sie in die Zinnen ein.

2 Ergänze in der Mauer die fehlenden Silben.

Knappe und Ritter

Bei einem Kampf hatte Lothar seinen Ritter verteidigt. Lothar war sehr vorsichtig, wurde aber trotzdem dabei gefangen genommen. Man sperrte ihn in das Verlies der feindlichen Burg. Nach vier Tagen vernahm der Knappe vertraute Stimmen. Würde er befreit werden? Da öffnete sich die schwere Eisentür und sein Ritter stand vor ihm. Schnell bestiegen beide ihre Pferde und ritten davon. Bald darauf bekam Lothar seine erste Rüstung. In der Kirche wurde er durch das Schwert des Grafen zum Ritter geschlagen. Er musste schwören, immer an die ritterliche Ehre zu denken.

3 Markiere alle Wörter mit doppelten Mitlauten.

4 Schreibe sie mit Silbenbögen auf.

DICHTERWERKSTATT

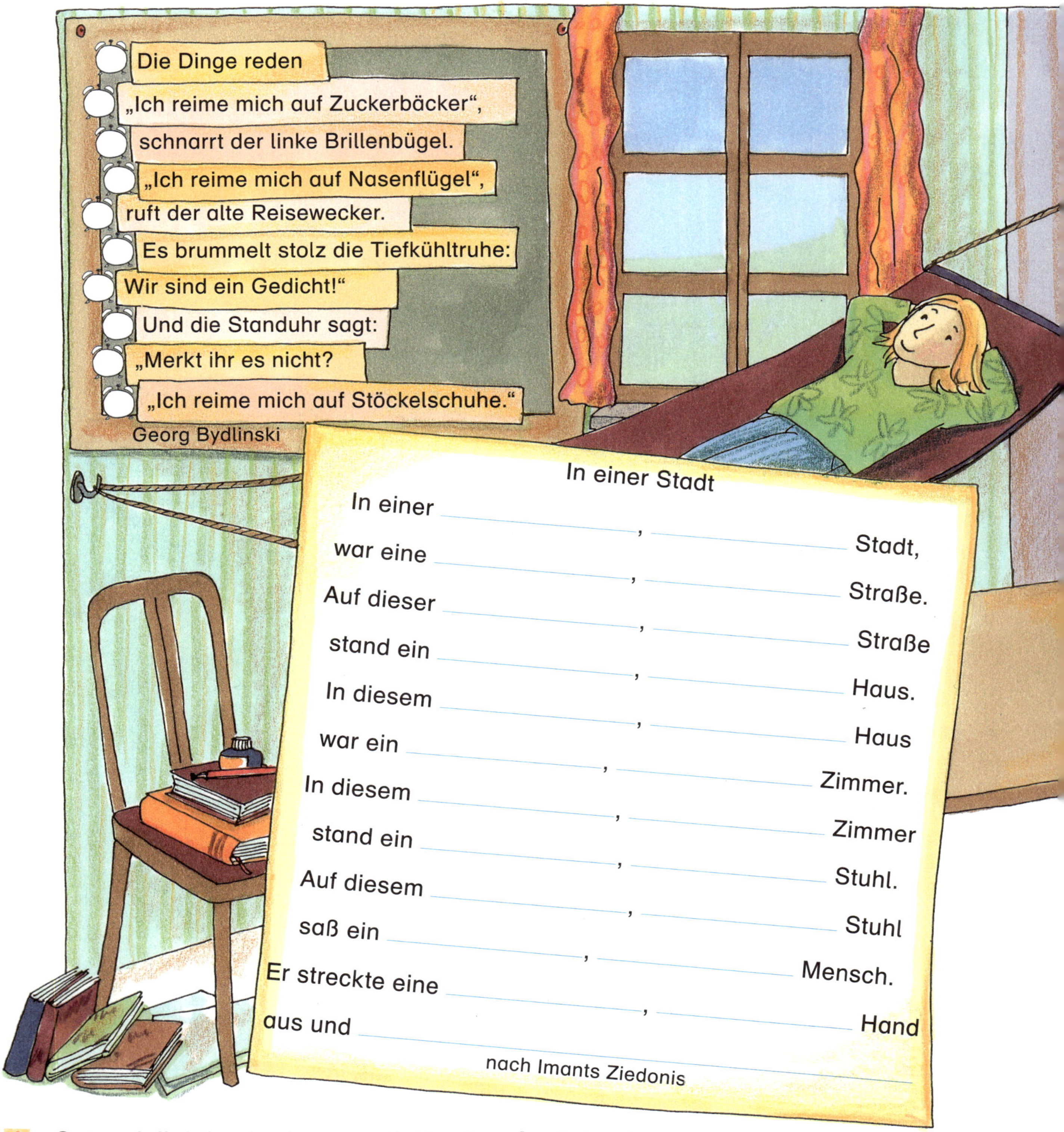

Die Dinge reden

„Ich reime mich auf Zuckerbäcker“,
schnarrt der linke Brillenbügel.
„Ich reime mich auf Nasenflügel“,
ruft der alte Reisewecker.
Es brummelt stolz die Tiefkühltruhe:
Wir sind ein Gedicht!“
Und die Standuhr sagt:
„Merkt ihr es nicht?
„Ich reime mich auf Stöckelschuhe.“

Georg Bydlinski

In einer Stadt

In einer ______, ______ Stadt,
war eine ______, ______ Straße.
Auf dieser ______, ______ Straße
stand ein ______, ______ Haus.
In diesem ______, ______ Haus.
war ein ______, ______ Haus
In diesem ______, ______ Zimmer.
stand ein ______, ______ Zimmer
Auf diesem ______, ______ Stuhl.
saß ein ______, ______ Stuhl
Er streckte eine ______, ______ Mensch.
aus und ______ Hand

nach Imants Ziedonis

1 Setze Adjektive in das unvollständige Gedicht ein.

2 Bringe die Zeilen des Gedichtes „Die Dinge reden“ in die richtige Reihenfolge.

3 Schreibe dein Gedicht auf.

4 Tragt eure Gedichte vor.

1 Markiere die Reimwörter in dem Zahn-Gedicht.

2 Ergänze die passenden Reimwörter auf der Tafel.

3 Schreibe ein eigenes Gedicht. Benutze die Wörter von der Tafel:

Rondel

Wochenende
Wir frühstücken alle zusammen.
Wir freuen uns über die gemeinsame Zeit.
Es gibt frische Brötchen vom Bäcker.
Wir frühstücken alle zusammen.
Papa erzählt von der Arbeit.
Mama will mit uns zum Tierpark.
Wir frühstücken alle zusammen.
Wir freuen uns über die gemeinsame Zeit.

Überschrift	
Ein wichtiger Satz	
Und noch ein wichtiger Satz	
Ein neuer Satz	
Den ersten Satz wiederholen	
Ein neuer Satz	
Ein neuer Satz	
Den ersten Satz wiederholen	
Den zweiten Satz wiederholen	

1 Lies das Gedicht. Wovon erzählt es?

2 Beantworte Quiesels Frage.

3 Schreibe ein eigenes Rondel.

4 Überprüfe, ob du dich an den Bauplan gehalten hast. Trage dein Gedicht vor.

Was alles in den Dingen steckt

Im Traum ein Raum,
im Schmaus eine ____________________,
im Messer der ____________________,
in der Fahne der Ahne.
Im Gewicht ein ____________________,
in der Katze der Atze,
Im Kaffee der ____________________,
im Schein der Hein.

Im Dickicht ________________,
im Kerker ________________,
im Sieger ________________,
in der Wirrnis wir.
Im Gestopften ein ____________________,
im Geflohnen ein ____________________,
im Gekochten der ____________________,
im Gebrauten die Braut.

Im Knie ein Nie!
im Bauch ein ______________!
im Krach ein ______________!
im Hohn ein Oh!
(nach Franz Fühmann)

1 In manchen Wörtern kannst du andere Wörter entdecken. Schreibe sie auf.

2 Suche in der Wörterliste oder im Wörterbuch auch solche Wörter und schreibe sie auf den Zettel.

3 Schreibe ein eigenes Wort-im-Wort-Gedicht und gestalte es.

In jedem Fall ein Kobold

Der Kobold trägt eine rote Perücke.

Wer oder was trägt eine rote Perücke?

Antwort: Der Kobold trägt eine rote Perücke.

Die Streiche des Kobolds sind oft lustig.

Antwort:

Es kommen dem Kobold immer tolle Ideen.

Antwort:

Die witzigen Feen lieben den Kobold.

Antwort:

1 Ergänze die Fragen und schreibe die Antworten auf.

2 Unterstreiche wie im Beispiel.

_______________ spaziert durch den Zoo.

Auf dem Kopf _______________ ist ein Hut.

Der steht _______________ gut.

Der Hut schützt _______________

vor der Sonne.

3 Setze die Wörter von den Karten passend ein.

4 Frage nach den eingesetzten Wörtern.
Schreibe die Fragen und die Antworten auf.

Nomen können in **vier Fällen** stehen. Die Fälle heißen:

Wer-oder-Was-Fall	**Wessen-Fall**	**Wem-Fall**	**Wen-oder-Was-Fall**
(Nominativ)	(Genitiv)	(Dativ)	(Akkusativ)
das Kind	*des Kindes*	*dem Kind*	*das Kind*

Im Dichtermuseum

Der Bürgermeister **hat die Museumsordnung unterschrieben.**

Wer oder was hat die Museumsordnung unterschrieben?

Die Schreibmaschine ist ausgestellt.

Der Dichter hat den Roman ______ gewidmet.

Der Autor hat ______ geschrieben.

1 Ergänze die Sätze. Überlege, in welchen Fällen die eingetragenen Wörter stehen und schreibe die passenden Fragen dazu.

2 Trage die fehlenden Nomen mit ihren Artikeln ein:

Wer oder was?	der Dichter	die Frau	das Gedicht
Wessen?			
Wem?			
Wen oder was?			

Bücherhelden

○ ○ ○ ○
er er er er
ihn ihn sie

Egon sitzt auf einer Bank. Egon hat seinen Hund mitgebracht.

Egon nimmt den Hund auf den Schoß. Ein Mann kommt vorbei.

Der Mann sagt zu Egon: „Ich würde den Hund nicht anfassen.

Siehst du nicht die Flöhe? Die Flöhe sitzen ja schon in deinem Gesicht.“

Egon guckt erschrocken. Egon fasst in sein Gesicht. Dann lacht Egon:
„Sie brauchen wohl eine Brille. Die Flöhe sind meine Sommersprossen.“

1 Ersetze die Nomen durch Pronomen.

○ sie
○
○ ihre
○ ihr
○
○ sie

__________ ist die Heldin vieler Geschichten.
Im Dunkeln leuchten __________ Augen.
Die Kinder streicheln __________ gerne übers Fell.
Die Mäuse lieben __________ überhaupt nicht.

○ es
○
○
○ seine
○ ihm
○ es

__________ spielt die Hauptfigur in vielen Romanen.
Uns fasziniert __________ Ausdauer.
Wir geben __________ Hafer und Zuckerstückchen.
Jung und Alt lieben __________.

2 Lies die Rätsel. Wer ist gemeint? __________, __________

3 Trage die passenden Pronomen ein.

Pronomen stehen für Nomen.
Sie können wie Nomen in den **vier Fällen** stehen.

Quiesel und die Pronomen

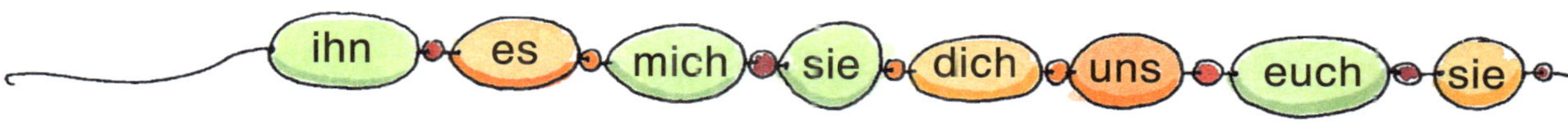

1 Trage die richtigen Pronomen in die Sprechblasen ein.

Der Dichterkönig

Quiesel schreibt ein neues Gedicht. ______ will ______ an Jana verschenken, denn ______ findet ______ nett. Quiesel liest ______ Gedichte gerne vor. Alle hören ______ zu. „Es gefällt ______!“, sagen die Kinder. „Und ______ freut es, wenn ______ ______ damit Freude mache“, erklärt Quiesel. „Dafür sollte man ______ zum Dichterkönig wählen!“, schlägt ein Kind vor.

2 Trage die Pronomen ein.

Wörterbaukasten

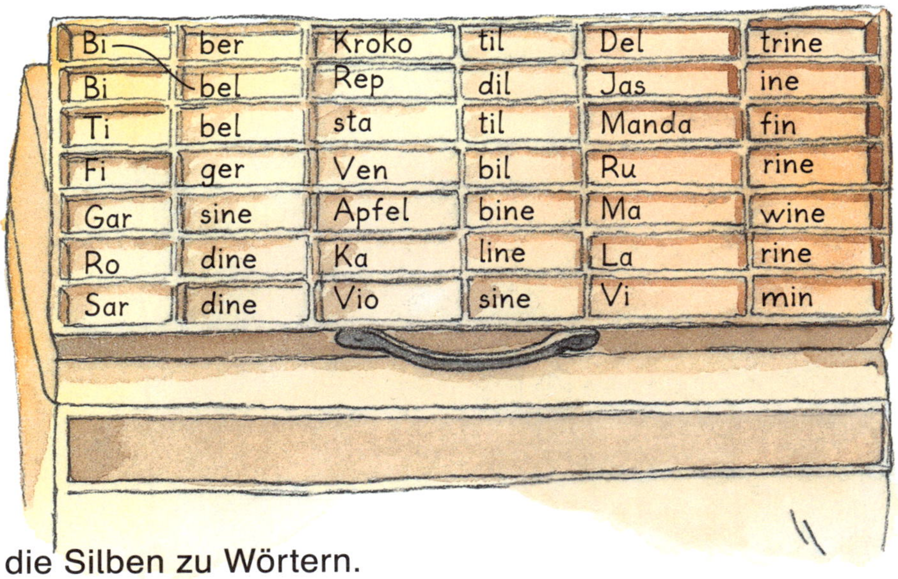

1 Verbinde die Silben zu Wörtern.

2 Schreibe die Wörter richtig auf:

Bibel

3 Prüfe, ob das **i** lang(_) oder kurz(.) gesprochen wird.

Das **i** wird bei allen Wörtern ____________________ gesprochen.

4 Wähle zwölf Wörter aus und übe sie mit der Profikarte.

5 Suche im Wörterbaukasten Wörter, die sich reimen und schreibe sie auf:

die Bibel – die Fibel,

6 Schreibe ein Gedicht mit den Wörtern aus dem Wörterbaukasten.

Wörter für Dichter

Schrank mit Glastüren	(2)
bisweilen	(3)
eine kleine Orange	(4)
anderes Wort für Schornstein	(5)
verfallene Burg	(7)
ein Elternteil	(8)
Haus, in dem Schauspieler arbeiten	(9)
betrachtet, angesehen werden	(10)
Adjektiv zu Deutschland	(11)
ein Pronomen	(12)
persönlich, vertraulich	(13)
nicht zählbar	(14)
an einer Universität lernen	(15)
es besteht aus Versen	(16)
Beruf beim Gericht	
kein anderer	

W

der Anwalt
das Gedicht
der Kamin
die Mandarine
die Ruine
das Theater
der Vater
die Vitrine
gelten
studieren
deutsch
privat
unzählig
ihn
manchmal
selbst

1 Löse das Rätsel. Du findest zwei Städte, in denen der Dichter Goethe gelebt hat: F_ _ _ _ _ F _ _ _, _ _ _ _ _ _ _

1 2 3 4 5 6 7 8 9 10 11 12 13 14 15 16

Ein großer Dichter

Johann Wolfgang von Goethe gilt als der berühmteste deutsche Dichter. 1749 wurde er in Frankfurt am Main geboren. In den ersten Jahren wurde er von seinem Vater privat unterrichtet. Neben sechs Sprachen, lernte Goethe auch fechten und tanzen. Er las unzählige Bücher und ging schon mit elf Jahren ins Theater. Manchmal zeichnete er oder machte Musik. Als junger Mann sollte er in Leipzig studieren, um auch Anwalt zu werden. Aber Goethe saß lieber am Kamin und schrieb Gedichte. Ebenso findet man in den Vitrinen der Büchereien Romane, die er selbst geschrieben hat. Goethe starb 1832 in Weimar.

2 Finde im Text Reimwörter zu *Richter, Hain, Kater, Mandarine, Tücher, pflanzen, geblieben*: Richter – D..., ...

UMWELTFREUNDE

1 Erkläre den Namen *Umweltfreunde*:

2 Was entdecken die Kinder am Bach? Schreibe es auf:

3 Was stört die Umweltfreunde?

4 Gibt es bei euch in der Nähe Gewässer? Schreibe ihre Namen auf:

1 Was brauchen die Kinder für ihre Umweltaktion?

2 Nach der Aktion haben die Kinder das Plakat angefertigt.
Was wollen sie damit erreichen?

3 Wie müssen die gefundenen Sachen bei euch entsorgt werden?

Flaschen gehören in den Glascontainer.

Die Umweltfreunde im Einsatz

1 Nummeriere die Bilder der Reihenfolge nach.

2 Spielt das Telefongespräch mit der Polizistin.

3 Schreibe das Telefongespräch auf. Achte auf die Zeichensetzung bei der wörtlichen Rede:

Passende Überschrift?
Nicht zu viel verraten.
Zum Lesen verlocken.

Satzanfänge
Sind die Satzanfänge abwechslungsreich?
Du kannst die Sätze auch umstellen.

4 Schreibe eine Geschichte zu den Bildern auf. Überlege dir einen Schluss für die Geschichte. Achte auch auf die Schreibtipps.

Satzanfänge

Dann hat Paul seine Kamera genommen. Dann hat er den wegfahrenden Lastwagen fotografiert. Und dann hat Tim das Kennzeichen des Lastwagens aufgeschrieben. Dann rufen die Kinder mit Lauras Handy auf der Polizeistation an und melden den Vorfall. Und die Polizistin fragt zuerst nach dem Namen des Anrufers. Laura sagt ihren Namen. Laura schildert der Polizistin den genauen Ort.

1 Unterstreiche alle Satzanfänge.

2 Überlege dir abwechslungsreichere Satzanfänge und schreibe den veränderten Text auf:

3 Unterstreiche die neuen Satzanfänge.

4 Unterstreiche in deiner Geschichte zu den Bildern alle Satzanfänge.

5 Überarbeite deine Geschichte und schreibe sie auf.

Der Feldbach

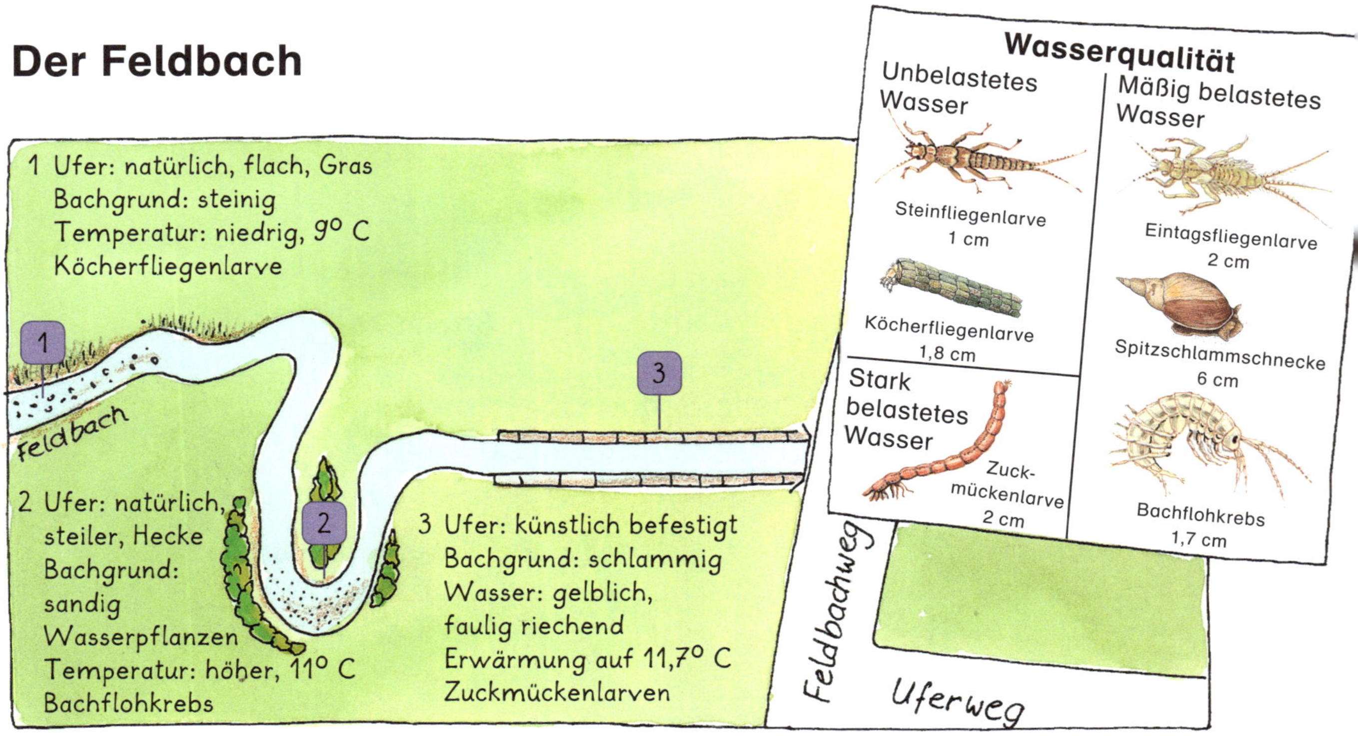

1 Lies die Bachkarte und vergleiche sie mit dem Plakat.

2 Ergänze die Tabelle.

Feldbach	**Untersuchungs-platz 1**	**Untersuchungs-platz 2**	**Untersuchungs-platz 3**
Ufer			
Bachgrund			
Temperatur			
Tiere			
Wasserqualität			

3 An welchem Untersuchungsplatz sollte die Wasserqualität verbessert werden? Markiere.

Am Bach

Am frühen Nachmittag trafen sich die Umweltfreunde am flachsten Abschnitt des Feldbachs. Er eignete sich für eine genauere Untersuchung. Laura hatte ihren neuen Kescher mitgebracht. Sie stieg in den kühlen Bach und führte den Kescher mit seinem langen Stiel neben dem dicksten Stein durch das klare Wasser.
Dann leerte sie ihn in ihre helle Schale. „Seht mal!“, rief sie, „eine kleine Eintagsfliegenlarve und ein großer Flohkrebs.“

1 Unterstreiche die Adjektive.

2 Trage die Adjektive in die Tabelle ein und ergänze die fehlenden Formen.

Grundform Grundstufe	1. Vergleichsform 1. Vergleichsstufe	2. Vergleichsform 2. Vergleichsstufe
früh	früher	am frühesten

Mit den Umweltfreunden unterwegs

1 Bilde mit den Wortstämmen möglichst viele Wörter und schreibe sie auf. Achte auf die Groß- und Kleinschreibung.

2 Suche Wörter heraus und erkläre sie mit eigenen Worten:

Ein Ausflug

Bei herrlichem Wetter pa ck te ich einen Pi___ni___korb und fli___te zu den Umweltfreunden. Schnell se___ten wir uns auf die Räder und fuhren über die Brü___e zum Bach.

Auf dem Weg zum Rastpla___ entde___ten wir Sto___enten auf dem Wasser, die sich pu___ten. Wir sahen schon die Si___gruppe vor der He___e, als Tim entse___t auf seinen Reifen bli___te. „Je___t habe ich einen Platten!“, seufzte er. Marie fuhr zurü___ und holte ihr Fli___zeug, Laura und ich radelten weiter. Bei den Bänken sah es schre___lich aus. „Solche Schmu___finken!“, schimpfte Laura. Wir wi___elten uns Plastiktüten um die Hände und sammelten den Müll ein. Marie und Tim kamen, als wir den le___ten Dre___ beseitigt hatten. Gemeinsam aßen wir nun die Plä___chen und erzählten Wi___e.

1 Setze **ck** oder **tz** ein.

2 Suche verwandte Wörter zu den **ck-** und **tz-Wörtern**. Schreibe sie auf:

packte – Verpackung, ______________________

____

3 Markiere den Selbstlaut vor ck und tz und überprüfe mit der Armprobe.

Der Selbstlaut ist immer ______________________.

Quiesel im Umweltlabor

Ein Erlebnis am Bach

„Siehst du den großen Wasserkäfer, der sich dort zwischen den Pflanzen versteckt?“, fragt Laura. „Moment, ich komme über die kleine Brücke zu dir.“ Paul setzt vorsichtig seinen Fuß auf das schmale Brett, das über den Bach führt. Laura will Paul helfen und streckt ihm schon ihre Hand entgegen. Doch plötzlich kippt das Brett und Paul fällt in den Bach. Ärgerlich, schmutzig und nass rettet er sich ans Ufer. Tim hilft ihm, die Gummistiefel auszuziehen. „Hoffentlich ist der große Käfer nicht in deinen Stiefeln“, lacht er und gießt das Wasser zurück in den Bach.

1 Trage in die Behälter die passenden Wörter aus dem Text ein.

Der Reinfall

Tim und Laura ____ sich auf die ____.
Sie schauen auf die ____ im ____.
Das Wasser ____, als ein Frosch hineinhüpft und
sich im Ufergras versteckt. „Die ____ zu
____ ist eine wichtige Aufgabe“, sagt Tim.
Die Kinder denken an ihre Bach-Aktion im Sommer. Sie
freuen sich, dass jetzt niemand mehr ____
Abfälle ins Wasser ____. Laura ____ ihren
Arm aus und greift vorsichtig nach einem Wasserkäfer.
Doch der schwimmt schnell davon.

W

die Brücke
das Gewässer
der Stiefel
die Lücke
die Pflanze
die Umwelt
ausziehen
gießen
kippen
schützen
setzen
spritzen
strecken
schmutzig
zurück
ihm

1 Setze die Wörter richtig ein und hake sie ab.

2 Welche Wörter aus dem Wörterkasten wurden nicht verwendet?

3 Ordne die Übungswörter nach der Anzahl der Buchstaben.

Ein Erlebnis am Bach
„Siehst du den großen Wasserkäfer, der sich dort zwischen den Pflanzen versteckt?“, fragt Laura. „Moment, ich gehe über die kleine Brücke und komme zu dir.“ Paul setzt vorsichtig seinen Fuß auf das schmale Brett, das über den Bach führt. Laura will Paul helfen und streckt ihm schon ihre Hand entgegen. Doch plötzlich kippt das schmale Brett und Paul fällt in den Bach. Ärgerlich, schmutzig und nass kommt er ans Ufer. Tim hilft ihm, die Gummistiefel auszuziehen. „Hoffentlich ist der große Käfer nicht in deinen Stiefeln“, lacht er und gießt das Wasser zurück in den Bach.

4 Suche alle Verben aus dem Text und schreibe sie in der Grundform auf:
du siehst – sehen, er versteckt sich – ...

1 Welche Bildzeichen und Schilder seht ihr auf dem Bild?

2 Was bedeuten die Schilder? Schreibe Karten für ein Spiel.

3 Schreibt weitere Karten.
Denkt euch Spielregeln aus.

1 Wozu benötigt man Schilder und Bildzeichen?

2 Male oder fotografiere weitere Bildzeichen aus deiner Umgebung.

3 Denkt euch Bildzeichen für die Schule aus.
Gestaltet sie und heftet sie an die passenden Stellen.
Fragt andere Kinder nach der Bedeutung.

Ein Bild – viele Gedanken

1 Betrachte das Bild still für dich.
Was fällt dir dazu ein?
Schreibe deine Gedanken in Stichworten auf.

2 Erzählt und tauscht eure Gedanken aus.

Farbwörterkette

Sonne und Wärme
Wärme
Wärme und Sommer
Sonne
Sonne und Sommer
Sonne, Wärme, Sommer
Ferien

Akrostichon

F rische Farben
A uf der Wiese
R eiter
B unte Blumen
E ine Kirche
N ahe beim Dorf

ELFCHEN

Bildbeschreibung

Rondel

Geschichte

Die Sonne ging gerade unter …

1 Schreibe zu dem Bild von S. 46. Wähle dafür eine passende Textform.

2 Lest euch eure Texte gegenseitig vor und überarbeitet sie.

3 Gestalte deinen Text. Schreibe oder klebe ihn in den Rahmen.

Zusammengesetzte Nomen

1 An welche Museen denken die Kinder?
Schreibe sie auf:

2 Untersuche die zusammengesetzten Nomen. Unterstreiche rot, was hier gleich bleibt. Unterstreiche blau, was unterschiedlich ist.

Bestimmungswort	Grundwort
Auto →	Wäsche, Tür, Bahn, Lack, Schlüssel, Atlas, Reifen, Sitz, Verkäufer, Haus, Dach, Werkstatt
Kinder →	Schuhe, Bett, Wagen, Kleid, Spiel, Buch, Sitz, Garten, Geld, Lied, Zimmer, Teller

3 Setze die Wörter zusammen und schreibe sie mit Artikel auf:
die Autowäsche, …

4 Unterstreiche jeweils den Artikel und das Grundwort.

Rolle, Glanz, Tüte, Bogen, Schere, Fabrik, Toiletten, Blume, Presse, Brief, Geschenk, Mühle, Tücher, Korb, Schnipsel, Seide

5 Bilde zusammengesetzte Wörter mit **Papier**.

Das erste Wort bei zusammengesetzten Nomen ist das **Bestimmungswort**. Das zweite Wort ist das **Grundwort**. Das Bestimmungswort erklärt das Grundwort genauer. Der Artikel richtet sich nach dem Grundwort.

Schuhhaus oder Hausschuh?

der Bergschuh,

1 Schreibe zusammengesetzte Nomen auf. Unterstreiche das Bestimmungswort blau und das Grundwort rot. Schreibe auch den Artikel dazu.

Obst Brett ~~Geld~~
Fenster Blume

~~Tasche~~ Spiel Glas
Garten Topf

2 Bei manchen Nomen kannst du Grundwort und Bestimmungswort vertauschen. Schreibe die Zusammensetzungen mit Artikel auf:

die Geldtasche	das Taschengeld

3 Bilde möglichst viele zusammengesetzte Wörter mit Nomen aus der Wörterliste oder dem Wörterbuch.

4 Setze lustige Wörter aus drei Nomen zusammen:
Pferdeäpfelpflücker, Ziegenmilchstraße

Comics lesen

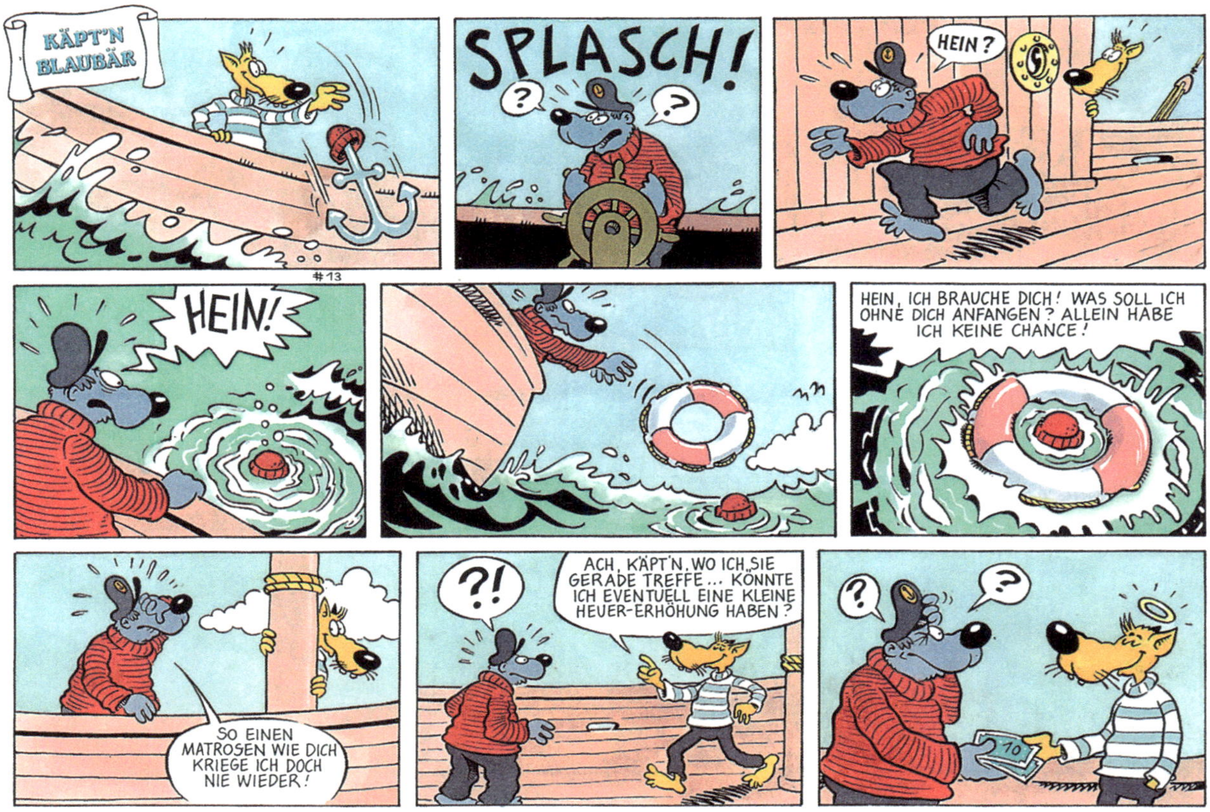

* Heuer-Erhöhung = Lohnerhöhung – mehr Geld bekommen

1 Erzählt, was in dem Comic passiert.

2 Woran erkennt ihr im Comic Gefühle, Geräusche, Lautstärke und Bewegungen?

3 Schreibe passende Texte in die Sprechblasen.

4 Zeichne und schreibe einen eigenen Comic.

Museumsbesuch

1 Ordne den Denkblasen passende Verben zu und schreibe die zugehörige Ziffer in den richtigen Kreis.

2 Was denken die Kinder? Schreibe so:
Ayse überlegt: „Das Bild von Monet ist sicher teuer."

3 Entschlüssle die Wörter und schreibe sie auf:

4 Kreise das (cks) ein und sprich dir die Wörter laut vor.

5 Schreibe die Wörter nach dem Abc geordnet auf.

Kaiman und Kaiserkrone

1 Wie heißen die Wörter mit **ai**? Trage sie in die Kästchen ein.

2 Schreibe die Wörter noch einmal auf und markiere **ai**.

Bangkok ist die Hauptstadt von ______________________.

Ein Kind, das seine Eltern verloren hat, ist eine ______________________.

Ein anderes Wort für „Diener" ist ______________________.

Jäger heißen in der Jägersprache ______________________.

Ein altertümliches Wort für Mädchen heißt ______________________.

Frankfurt liegt an der Oder oder am ______________________.

3 Ergänze die fehlenden Wörter aus der Kaimauer.

Kaiserkrone:	Pflanze / Kopfschmuck?
Kaisermantel:	Schmetterling / Kleidungsstück?
Kaiserling:	Diener / Pilz?
Kaiserschmarren:	Unsinngeschichte / Speise?
Kaiman:	englischer Matrose / Krokodil?
Kaiserstuhl:	Sitzmöbel / Bergland mit Weinbau

4 Streiche die falschen Erklärungen durch.

Quiesels Geheimschrift

MSMSM	MSS
Comic	
MMSMMMSM	MSSM
MSMMSMMM	MSSMSM
MSMSMSM	MSMSMMS
SSMMMSMMSMM	MSSMS

W

die Ausstellung
der Comic
das Gemälde
der Hai
die Idee
der Kaiser
der Klecks
der Knicks
der Mais
die Saite
glucksen
knacksen
lebendig
tricksen
verrückt
daneben

1 Schreibe die Übungswörter zu den passenden Geheimcodes.

2 Schreibe die Wörter aus dem Wörterkasten auf, die keinen Code haben:

Ein Bild wird lebendig

Lilli besucht ein Kunstmuseum. Sie steht im Ausstellungsraum und betrachtet das Bild mit dem Kaiser. Der wird plötzlich lebendig, winkt ihr zu und macht einen Knicks. In der Hand hält er eine Gitarrensaite. Daneben steht ein Küchenjunge. Er gluckst vergnügt und ruft: „Ich habe eine Idee. Aus den Bildern mache ich Comics." Und schon malt er maisgelbe Kleckse auf die kostbaren Gemälde. Erschrocken rennt Lilli schnurstracks zum Ausgang. Aber dort lauert hinter der Scheibe ein riesiger Hai. Als die Glasscheibe knackst, wacht Lilli auf. Sie ist erleichtert. Alles war nur ein verrückter Traum! Aber die Fensterscheibe neben ihrem Bett hat einen ordentlichen Knacks.

3 Suche Nomen aus dem Text heraus. Bilde mit ihnen zusammengesetzte Nomen.

1 An welchem Projekt arbeiten die Kinder?

2 Welche Ausstattung brauchen sie?

1 Schreibe Ideen für eine Reportage über deine Schule auf:

2 Sammelt eure Ideen und legt Themen für eure Reportage fest.

3 Plant eure Reportage wie die Kinder auf dem Bild.

Bericht für die Homepage

Sportfest bei heißen Temperaturen
Am 5. Juli trafen sich alle Kinder der Schule im Jahn-Stadion zum Sportfest. Zehn Spiel- und Sportstationen waren aufgebaut. Die drei beliebtesten Stationen waren der Hindernis-Sprint über Bananenkartons, der Zonen-Weitsprung und der Wassertransport. Hier war großes Geschick nötig, damit kein Wasser verloren ging. Trotzdem freute sich bei der Hitze jeder, wenn er beim Lauf nass wurde. Es starteten 20 Mannschaften und nach zwei Stunden waren alle mit dem Wettkampf fertig. Jeder Teilnehmer und jede Teilnehmerin erhielt eine Mitmach-Medaille. Die ersten drei Mannschaften bekamen eine Urkunde. Zum Schluss durften sich alle Kinder an der Wasser-Station abkühlen.

Leider nur der 4. Platz
Gestern trafen wir uns alle zum Sportfest. Es war brütend heiß und ich hatte gar keine Lust. Da habe ich zu Karen gesagt: „Bei der Hitze ist ein Sportfest viel zu anstrengend." Auf dem Sportplatz sind schon alle Stationen aufgebaut. Meine Eltern helfen auch mit. Beim Hindernislauf ist Pit der schnellste Sprinter unserer Mannschaft. Wir feuern ihn alle an: „Los, Pit, los!"
Jede Mannschaft musste an zehn Stationen Übungen machen. Ich fand das zu viel. Die Wassertransport-Station war die beste. Die Abkühlung war gut, weil es so heiß war. Leider hat meine Mannschaft nur den 4. Platz gemacht. Dafür bekamen wir zwar keine Urkunde, aber eine Mitmach-Medaille.

1 Markiere die Textstellen, bei denen Quiesels Tipps nicht beachtet wurden.

2 Welcher Text ist ein Bericht?

3 Untersucht Zeitungsberichte mithilfe der Tipps.

Einen Text überarbeiten

1 Schreibe einen Bericht über ein Ereignis an deiner Schule.

2 Überarbeite deinen Bericht. Beachte die Überarbeitungskarten.

Fehlt etwas?
Fehlt etwas Wichtiges?

Treffende Ausdrücke?
Hast du treffende Wörter verwendet?

Stimmt die Erzählzeit?
Hast du die Zeitform gewechselt?

Passende Überschrift?
Nicht zu viel verraten. Zum Lesen verlocken.

Wie ein Film entsteht

sammelt

R Am Anfang hat der Regisseur eine Idee. Dann ~~samelt~~ er

W Informationen. Dann schreibt er eine Sachgeschichte. Zu

R dieser Geschichte Schreibt er ein Drehbuch. Darin steht,

Z A was vor der Kamera geschah und welcher Text geredet werden

√ soll. Mit seinem Team entwirft der einen Plan.

R Dieser gipt an, was an welchem Tag, an welchem Ort

√ und mit welchen Personen gefilmt wird. Der besteht aus

Z vielen Szenen. Zu jeder Szene wurde der passende Ton gemacht.

R Dazu können Instrumente oder CDs eingesezt oder Geräusche

A erzeugt werden. Zuletzt wird der Sendetermin gemacht.

Korrekturzeichen
- R Rechtschreibfehler
- Z falsche Zeit
- A unpassender Ausdruck
- √ fehlendes Wort
- W Wiederholung

1 Korrigiere den Text. Beachte die Korrekturzeichen.

2 Schreibe ihn in dein Heft.

3 Markiere in deinem Text die Verbesserungen.

Wie wir einen Film drehten

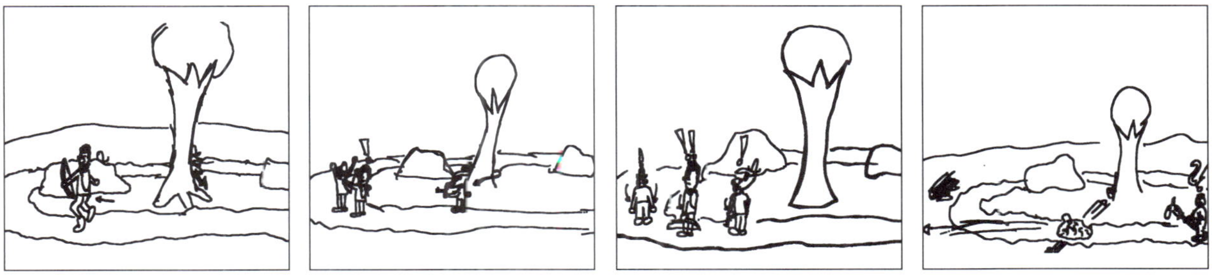

Zuerst suchten wir uns ein Thema. jeder machte dazu eine kleine R A

Geschichte. Lisas gefiel uns am besten und daraus wurde das √

Drehbuch. Anschließend sucht sich jeder einen Teil der Geschichte Z

aus und zeichnete ein dazu. Diese Bilder waren unser Storyboard. √

Unter jedes Bild schrieben wir die Namen der darauf abgebildeten

personen. Jan schrieb auch noch den Drehort dazu. Arzu vermerkt R Z

auserdem, welche Dinge wir brauchten. Einige sachen mussten wir R R

noch besorgen. Dann fingen wir mit der Aufname an. Dann durfte R W

jeder eine Szene aufnehmen. dann namen wir zu einigen Szenen W R

noch passende Musik auf.

1 Korrigiere den Text.

2 Schreibe den korrigierten Text ab.

Internet – Pro und Kontra

1 Schreibe alle Pro- und Kontra-Argumente der Kinder in die Tabelle.

Pro	Kontra

2 Streiche die Argumente durch, die nicht sachlich sind.

3 Finde eigene Argumente und schreibe sie dazu:

4 Schreibe Pro- und Kontra-Argumente zum Thema „Computerspiele“ auf. Befrage auch Erwachsene.

Wörter mit ä

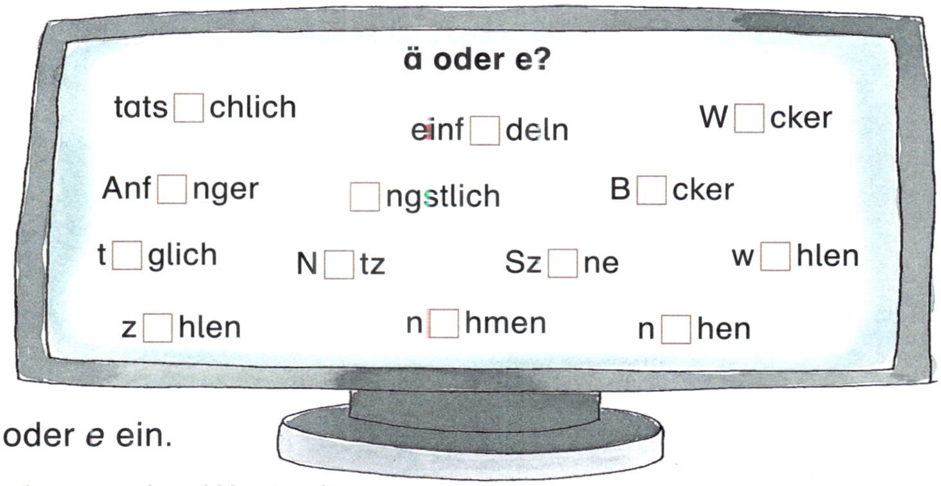

1 Setze *ä* oder *e* ein.

2 Schreibe immer das Wort mit *ä* mit einem Verwandten auf:

tatsächlich – Tatsache,

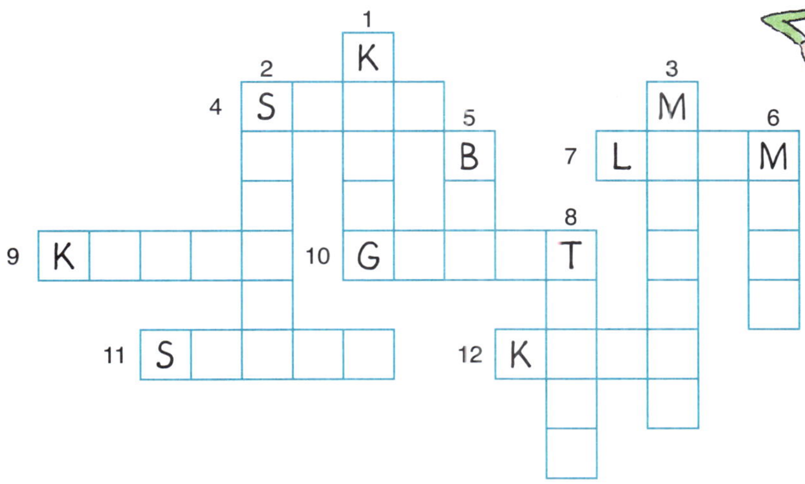

1 Platz für Haustiere 2 nicht gerade 3 ein Junge und ein …
4 Gegenteil von früh 5 Raubtier 6 Monat 7 Krach
8 fließt aus den Augen, wenn du weinst 9 Insekt 10 Maschine
11 Holz trennen 12 wird aus Milch gemacht

3 Löse das Rätsel.

4 Übe die Wörter mit der Profikarte.

Äu oder eu ?

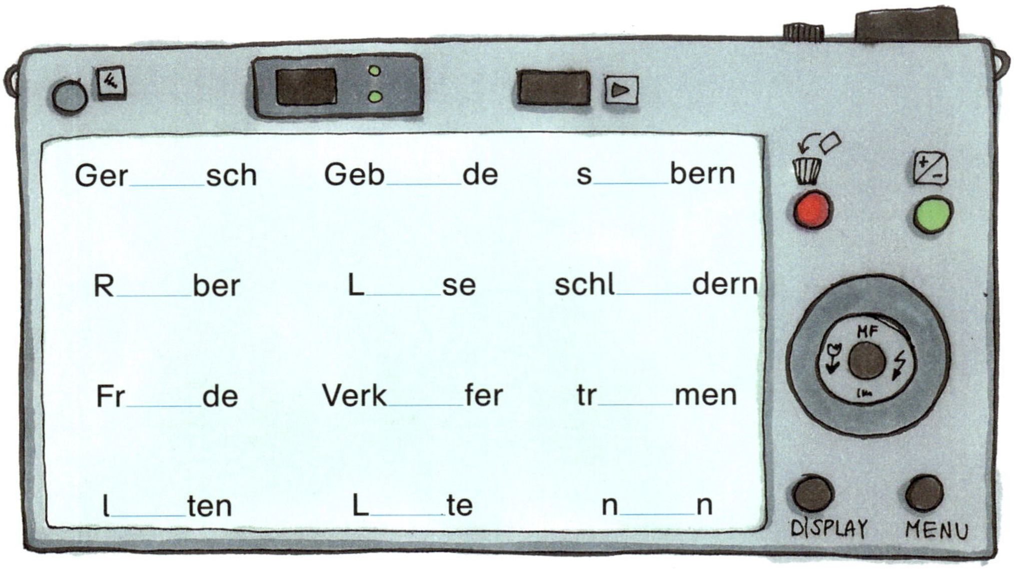

1 Trage *äu* oder *eu* ein.

2 Schreibe die Wörter mit *äu* mit ihren Verwandten auf:

Geräusch – ______________________

____

____

____

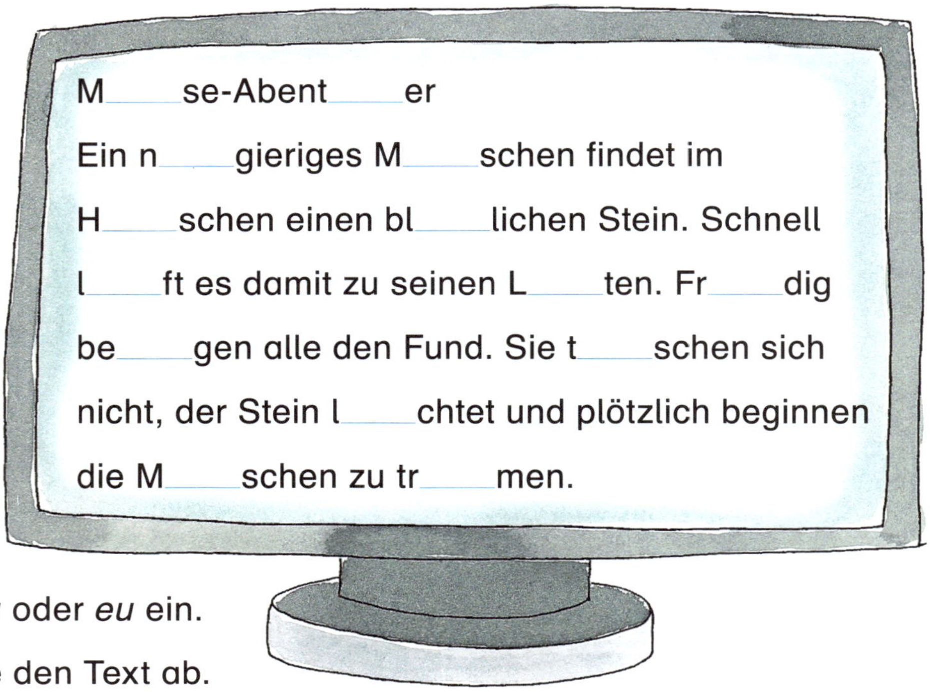

3 Trage *äu* oder *eu* ein.

4 Schreibe den Text ab.

Übertragungsfehler

ment|ar|gu Argument	erteu	tigkräf
terspä	rätge	gratofierenfo
pagehome	lichsächtat	denverwen
kusdission	schliebeßen	auslenwäh
viewterin	jektpro	mediragitalka

netterin

W

das Argument
die Digitalkamera
die Diskussion
das Gerät
die Homepage
das Internet
das Interview
das Projekt
auswählen
beschließen
fotografieren
verwenden
kräftig
später
teuer
tatsächlich

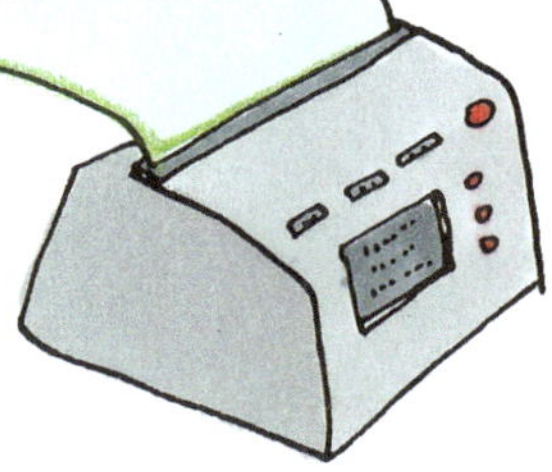

1 Trenne die Silben mit Strichen ab. Schreibe die Wörter auf.

Unser Projekt

Für ein Projekt in unserer Klasse wollten wir unsere Schule vorstellen. Nach einer längeren Diskussion beschlossen wir, eine Internet-Seite zu gestalten und ins Netz zu stellen. Erst wurde ein Plan erarbeitet. Dann fotografierte eine Gruppe wichtige Ereignisse und das Schulgebäude mit der Digitalkamera. Die zweite Gruppe filmte die Kinder bei der Arbeit und in der Pause. Zu den Szenen wurde ein Kommentar gesprochen. Die dritte Gruppe befragte alle Leute, die an unserer Schule arbeiten. Die Interviews wurden später für die Berichte verwendet. Unsere Homepage zeigt jetzt tatsächlich die ausgewählten Fotos und Texte.

2 Schreibe den Text mit dem Computer ab und benutze das Rechtschreibprogramm zur Korrektur.

VAMPIRE

1 Schreibe in Stichworten auf, was auf dem Bild zu sehen ist:

2 Schreibe auf, was man sich über Vampire erzählt.

1 Wie leben der Vampir Viktor und seine Familie?

2 Sammelt Wörter, die mit Vampiren zu tun haben. Schreibt sie auf.

3 Bringt Vampirgeschichten mit und stellt sie vor.

Eine unheimliche Begegnung

Jonas stammelte:

Das seltsame Wesen antwortete:

Jonas fragte:

Viktor erwiderte:

Jonas sagte:

Viktor wisperte:

Der Ball war gegen eine rostige Tür gerollt. Als Jonas ihn aufheben wollte, wurde die Tür einen Spalt geöffnet. Aus einem bleichen Gesicht starrten ihn dunkle Augen an. „Huch, wie siehst du denn aus?“ „Auf jeden Fall anders als du!“ „Was machst du denn hier unten?“ „Ich heiße Viktor und wohne hier.“ „Ich heiße Jonas. Ich könnte mir gar nicht vorstellen, hier unten zu wohnen. Darf ich mich mal umschauen?“ „Klar. Wir müssen aber ganz leise sein, damit meine Familie dich nicht entdeckt.“ Viktor machte einen Schritt zur Seite und Jonas trat in die kühle, dunkle Gruft.

, stammelte Jonas.

, antwortete das seltsame Wesen.

, fragte Jonas.

, erwiderte Viktor.

, sagte Jonas.

, wisperte Viktor.

1 Überlegt beim mittleren Text, wer was gesagt hat.
Lest dazu den Text mit verteilten Rollen.

2 Unterstreiche im mittleren Text Jonas Aussagen schwarz.
Unterstreiche die Aussagen des Vampirs rot.

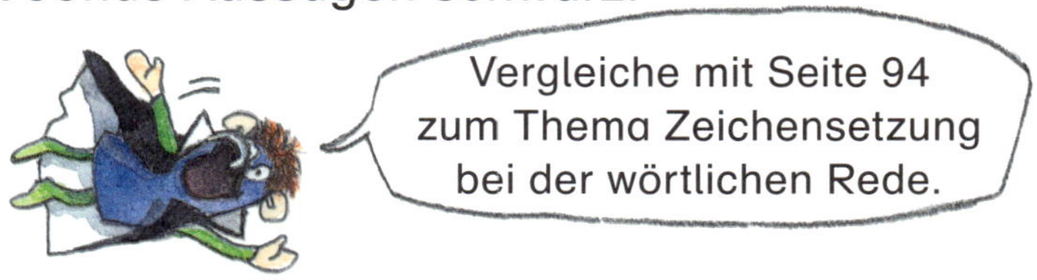

3 Jonas spricht ________ mal.

Der Vampir spricht ________ mal.

4 Entscheide, ob der Begleitsatz vor oder nach der wörtlichen Rede stehen soll und schreibe den Text auf.

5 Tausche deinen Text mit einem anderen Kind.
Überprüft, ob ihr Doppelpunkte, Anführungszeichen und alle anderen Satzzeichen richtig gesetzt habt.

6 Schreibe die Geschichte zu Ende.

Abenteuer mit Viktor

1 Würfle neun Wörter und schreibe sie auf:

________, ________, ________
________, ________, ________
________, ________, ________

2 Schreibe eine spannende Vampirgeschichte. Verwende in deiner Geschichte mindestens fünf von deinen erwürfelten Wörtern.

Spannung?
An welchen Stellen ist die
Geschichte besonders spannend?

Einleitung – Hauptteil – Schluss
Einleitung: Wer? Wann? Wo?
Hauptteil: Was passiert? Warum?
Schluss: Wie endet es?

3 Unterstreiche in deiner Geschichte die spannendsten Stellen.

So kannst du deine Geschichte veröffentlichen:

- Male ein Vampirbild mit einem Eingang zur Gruft.
- Schneide aus Karton eine Eingangstür aus.
- Klebe deine Geschichte auf die Rückseite der Tür.
- Befestige die Tür so auf deinem Bild, dass man sie öffnen und die Geschichte lesen kann.

Nächtliche Reise

1 Schreibe die Verbformen aus den Wolken an die richtige Stelle.

Vampir-Zeiten-Spiel

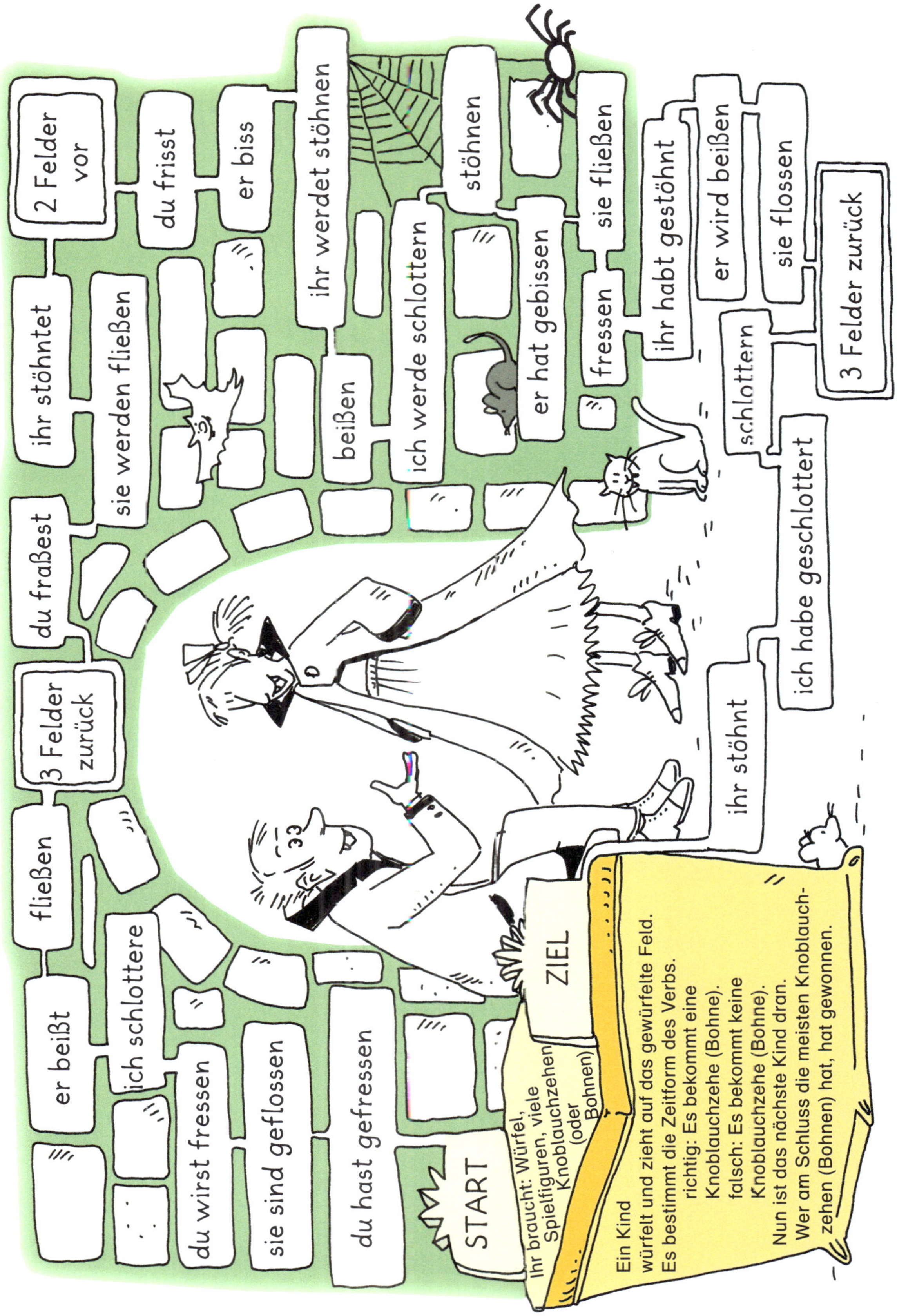

1 Spielt das Spiel.

Die Nacht der Vampirjäger

Augen – strahlen   Licht – scheinen   Tor – quietschen
Brille – liegen   Duft – vertreiben   Steine – bröckeln
Rucksack – hängen bleiben   Rauch – aufsteigen   Rinde – leuchten

1 Stellt mit den Wörtern aus dem Kasten Fragen mit **Wessen?** zum Bild. Verwendet die Wörter auf dem Grabstein für die Antwort.

2 Schreibe die Fragen und die Antworten auf:

Wessen Augen strahlen dort? – die Augen der Eule

3 Unterstreiche die Nomen mit Artikel im **Wessen-Fall (Genitiv)**:

Wessen Augen strahlen dort? – die Augen der Eule

Die Gruft der Vampire

1 Schreibe die Fragen von Jonas und die Antworten von Viktor auf.
Die Wörter auf dem Sarg und der Uhr helfen dir.

Wessen Schlafsack liegt auf dem Sarg? – der Schlafsack des Großvaters

2 Unterstreiche die Nomen mit Artikel im **Wessen-Fall (Genitiv)**.

Beißen – ein Genuss!

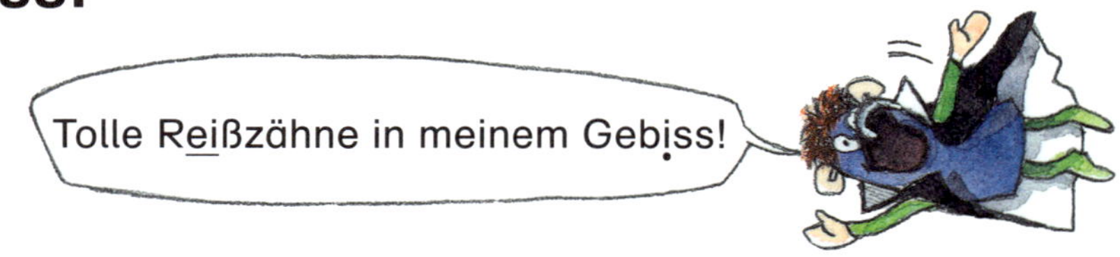

1 Sprich die Wörter deutlich. Überprüfe, ob der betonte Vokal lang oder kurz ist. Markiere so: beißen, der Biss

2 Setze **ss** oder **ß** ein und schreibe die Wörter auf:

3 Die Wörter gehören zu fünf verschiedenen Wortfamilien. Unterstreiche mit fünf verschiedenen Farben.

4 Schreibe die Wortfamilien geordnet auf.

Echte Vampire

R	z	l	h	g	r	m	F	l	B	l	ö	ß	e	c
W	n	p	b	i	s	s	i	g	T	F	l	u	s	s
V	v	e	r	f	r	e	s	s	e	n	e	a	l	ü
Ä	R	s	ö	S	z	u	g	i	g	g	J	ü	r	B
k	H	H	z	V	D	W	E	M	e	s	s	e	r	W
ä	ö	A	n	g	e	w	o	h	n	h	e	i	t	l
V	M	M	p	l	l	t	X	n	Q	N	k	G	b	Ä
K	n	o	b	l	a	u	c	h	p	r	e	s	s	e
s	c	h	l	i	e	ß	l	i	c	h	A	V	Ö	n
n	O	H	j	s	M	o	d	e	r	z	n	g	z	Ä

W

der Biss
die Gruft
der Knoblauch
der Luftzug
der Vampir
beißen
fließen
fressen
schlottern
stöhnen
gewöhnlich
messerscharf
modrig
anschließend
bisschen
bloß

1 Finde im Suchsel verwandte Wörter zu den Wörtern aus dem Wörterkasten. Markiere sie. Sechs Wörter haben keinen Verwandten im Suchsel.

2 Schreibe die Wortpaare auf. Schreibe so: Blöße – bloß

Vampire
In den tropischen Gebieten Südamerikas lebt eine ganz besondere Fledermausart. Sie heißt der Gemeine Vampir und lebt hauptsächlich von Blut. Mit messerscharfen Zähnen beißen diese Fledermäuse ihre Opfer. Die Opfer können Pferde, Rinder, Ziegen oder Schweine sein. Gewöhnlich fliegen Vampire ihr Opfer an und lassen sich auf ihm nieder. Sie setzen ihr Handgelenk und ihre Fußsohlen so leicht und leise auf, dass schlafende Tiere nicht erwachen. Das Blut, das nach einem Biss oder Kratzer aus der Wunde fließt, lecken die Vampire auf. Anschließend ziehen sich die Vampire in ihre Schlupfwinkel zurück. Der Biss des Gemeinen Vampirs ist gefährlich, weil er Tollwut und Krankheiten übertragen kann.

3 Diktiert euch den Text als Partnerdiktat.

4 Markiere im Text die Wortarten (**Nomen**, **Verben**, **Adjektive**) mit unterschiedlichen Farben.

Ich finde ________ Nomen, ________ Verben, ________ Adjektive.

BEWEGUNG

Badminton Judo Radrennen Basketball
Leichtathletik Inliner-Skating Wasserspiele Eislauf

1 Schreibe die Sportarten unter die Bilder.

2 Welche Sportarten betreiben die Kinder deiner Klasse? Schreibe sie auf:

1 Diese Übung kannst du auch im Zimmer machen.
Beschreibe die Übung und mache sie mit einem Partner nach:

Radfahren mit einem Bein

An der Pinnwand

1 Lest die Anzeigen. Mit welcher Absicht wurden sie geschrieben?

2 Schreibe und gestalte selbst eine Anzeige für die Pinnwand:

Eine Sportreportage

1 Welche Fremdwörter benutzt die Sportlerin? Markiere sie.

- unerlaubte Verwendung von Mitteln, die die Leistungsfähigkeit erhöhen
- Übungsleiter, Sportlehrer
- Gelegenheit, etwas zu erreichen
- wegen Verletzung der Regeln von der Teilnahme ausschließen
- Einhaltung strenger Regeln
- Rückkehr nach längerer Pause
- anständiges, rücksichtsvolles Verhalten
- Gegnerin

2 Ordne die Fremdwörter den Erklärungen zu:

Trainer –

3 Spielt das Interview.

4 Welche Fragen hat die Reporterin gestellt? Schreibe das Interview auf.

In der Schwimmhalle

1 Das Nomen **Junge** steht in den Denkblasen in den vier Fällen. Bestimme die Fälle mit den Fragen **Wer oder was?**, **Wessen?**, **Wem?**, **Wen oder was?**. Schreibe auf:

Wer oder was übt für den Wettkampf? – der Junge

Sophie steht aufgeregt am Beckenrand Ihr Freund Lukas ist im Finale des Schwimmwettkampfs Da kommt das Startsignal: „Fertig, los “ Vier Köpfe tauchen gleichzeitig ins Wasser ein Wer wohl zuerst am Beckenrand wendet „Schneller, Lukas “ , feuert Sophie ihren Freund an Ob er den großen Jungen noch einholen kann Plötzlich verschluckt sich der Champion beim Luftholen Das kostet Zeit „Los, Lukas “ , schreit Sophie Da schlägt Lukas an „Wer hat gewonnen “, fragt er atemlos „Du “, ruft Sophie begeistert

2 Setze die fehlenden Punkte, Fragezeichen und Ausrufezeichen in den Text ein.

3 Schreibe den Text richtig ab.

Beim Sport

Die Schwimmhalle ist neu. Das Sprungbrett der Halle ist hoch. Tim steigt die Leiter hinauf. Er erreicht das Sprungbrett. Tim winkt Laura. Die Pfeife des Lehrers ertönt. Nun fehlt dem Jungen der Mut zum Sprung. Seine Freundin tröstet ihn mit einem Eis.

1 Finde heraus, in welchem Fall die unterstrichenen Wörter stehen. Schreibe dazu die Fragen und Antworten auf:

Wer oder was ist neu? – die Schwimmhalle,

2 Trage die Wörter im richtigen Fall in den Text ein:

_______ ist schräg in die Sprossenwand eingehängt. Auf ihr müssen sich _______ nach oben ziehen. Dann klettern sie an _______ hinab. Die Reifen auf _______ stellen Inseln dar. Die dicken Taue an _______ sind Lianen. Die Knoten _______ dienen als Fußstützen. Mit _______ springt man auf den Kasten. Von hier aus balanciert man auf _______ zur Bodenmatte.

Der Wettlauf

S___ben K___nder trafen s___ch auf der W___se zum Wettlauf. Sarah r___f mit lauter St___mme: „Auf die Plätze, fert___g, los!" Fl___nk starteten die Spr___nter und Spr___nter___nnen. D___smal sollten v___r Runden gelaufen werden. Noch l___fen die K___nder gleich schnell. Doch plötzlich schr___ Leon auf. Er schlug auf sein Kn___, bl___b zurück und humpelte schl___ßlich ins Z___l. N___dergeschlagen zeigte er auf den St___ch einer B___ne.

1 Trage **i** oder **ie** ein. Überprüfe mit der Armprobe.
Schlage im Wörterbuch nach, wenn du unsicher bist.

2 Markiere die ie-Wörter und trage sie in die Tabelle ein

Nomen	Verben	Andere Wortarten

4 Löse das Rätsel:

Der Wettlauf führt vom Start zum [_ _ _ 1],

ich esse gerne Eis am [_ _ 2 _ _].

Bist du sehr groß, nennt man dich [_ _ 3 _ _],

Fußball spielt man auf der [6 _ _ _ _].

Komm, wir wollen Handball [9 _ _ _ _ 5 _],

beim Torwurf musst du sehr gut [_ _ 8 _ 10 _].

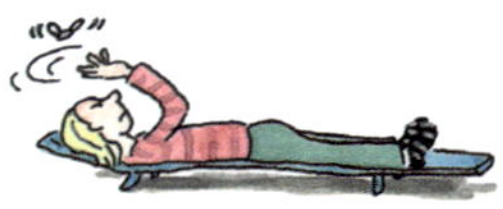

Du liegst gemütlich auf der [_ _ _ 4 _],

plötzlich ärgert dich die [_ _ 7 _ _ _].

Lösungswort: [1 | 2 | 3 | 4 | 5 | 6 | 7 | 8 | 9 | 10]

Spielfest

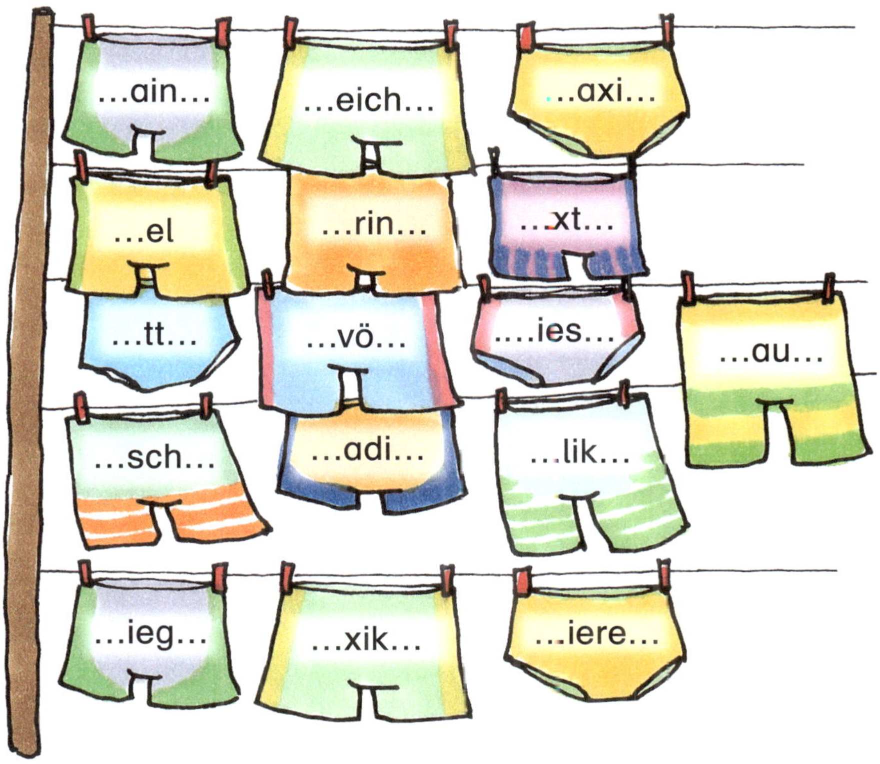

W

das Lexikon
die Praxis
das Publikum
die Siegerin
der Sprint
das Stadion
das Ziel
trainieren
verlieren
wetten
nervös
traurig
verschieden
diese
extra
gleichauf

1 Ergänze die Wortteile.

2 Ordne die Übungswörter nach dem Alphabet.

Das Spielfest
In diesem Jahr soll das Sportfest ein Spielfest werden. Im Stadion sind verschiedene Stationen aufgebaut. Ein Plan regelt die genaue Abfolge. Meine Gruppe beginnt mit dem Sprint. Wie gut, dass wir im Unterricht extra dafür trainiert haben. Anschließend muss ein Teil der Gruppe einen Korb Wäsche aufhängen. Die anderen müssen die Wäsche im Korb wieder zurückbringen. Dann folgt eine Wettfahrt auf den Pedalos. Ich stehe mit meinem Freund Max am Start. Mein Herz klopft ganz nervös. Am Anfang liegen wir gleichauf. Das Publikum feuert uns an. Ich will mein Tempo steigern. Da rutsche ich ab und verliere Zeit. Max fährt vor mir ins Ziel. Erst bin ich traurig, aber dann tröstet mich Max.

3 Schreibe die Wörter mit ie aus dem Text auf.

KLASSENZEITUNG

1 Wie plant die Klasse ihre Zeitung? Erzählt.

2 Schreibe deine Wünsche und Themen für eine Klassenzeitung auf:

3 Schreibt die Themen auf große Karten und ordnet sie.

Rezepte — Luca

Veröffentlichung:
1. Juni

Interviews — Kadir
mit Hausmeister Funke — Carolin
mit einem Schriftsteller — Michel

Redaktion
Fehler verbessern — Eliane
Bilder/Fotos einscannen — Alex
Seiten gestalten — Larissa
Inhaltsverzeichnis anlegen — Leon
Impressum erstellen

Bilder
Bilder malen — Max
Fotos machen — Antonio

Freitag:
Redaktionstreffen

Thema	Name	So weit sind wir ● angefangen ○ überarbeitet ○ abgegeben	Abgabetermin
Interview mit dem Haus-meister	Carolin Kadir	○ 4. Mai	20. Mai

1 Plant die Arbeit für eure Klassenzeitung. Legt eine Tabelle an und füllt sie aus.

2 Einigt euch, wer den Verkauf organisiert.

Interview mit dem Hausmeister

1 Formuliere die drei Fragen so, dass der Befragte mehr als „Ja“ oder „Nein“ sagen muss:

2 Denkt euch noch weitere Fragen aus:

3 Interviewt eure Hausmeisterin oder euren Hausmeister.

4 Plant für eure Zeitung ein interessantes Interview. Wen befragt ihr? Was wollt ihr dabei erfahren?

Zeitungssprache – Fachwörter

Beitrag in einer Zeitung	☐ ☐ 11 ☐ ☐ ☐ L
das Bild auf dem Deckblatt	☐ ☐ ☐ ☐ 2 ☐ ☐ ☐ ☐
Dort arbeiten die Redakteure.	☐ ☐ ☐ ☐ 1 ☐ ☐ ☐ ☐
Zeitungsleute nennen eine Geschichte	4 ☐ ☐ ☐ ☐
Er schreibt die Artikel.	☐ ☐ ☐ ☐ ☐ ☐ ☐ ☐ 5 ☐
sachliche Information über ein Ereignis	☐ 9 ☐ ☐ ☐ ☐ ☐
Fotos in den Computer einlesen	☐ ☐ ☐ ☐ ☐ 3 ☐ ☐ ☐ ☐
Überschrift in großen Buchstaben	☐ ☐ ☐ ☐ ☐ ☐ 8 ☐ ☐ ☐ ☐
Befragung	☐ 13 ☐ ☐ ☐ ☐ ☐ ☐ ☐
Bildergeschichte mit Sprechblasen	☐ ☐ ☐ 10 ☐
Er berichtet vor Ort von dem Geschehen.	☐ ☐ ☐ ☐ ☐ ☐ 6 ☐
Gestaltung einer Seite mit Texten und Bildern	☐ ☐ ☐ ☐ 12 ☐
Werbung in einer Zeitung	☐ 7 ☐ ☐ ☐ ☐ ☐
Er macht die Bilder.	☐ ☐ ☐ ☐ 14 ☐ ☐ ☐

Redaktion Fotograf Journalist Bericht Interview Schlagzeile
Reporter Artikel Comic Story Layout einscannen Annonce Titelbild

1 Löse das Rätsel mit den Wörtern aus dem Kasten.

2 Das Lösungswort heißt:

1	2	3	4	5	6	7	8	9	10	11	12	13	14

3 Sortiere die Fachwörter nach dem Abc und schreibe sie auf.

4 Wähle fünf Wörter aus und erkläre sie genauer.

Sportbericht

Zum Fußballturnier der Grundschulen hat jede Schule ihre beste Mannschaft geschickt. Viele tolle Tore sind gefallen. Unsere Mannschaft hat einen guten dritten Platz erreicht. Gewonnen hat die Diesterweg-Schule. Der Bürgermeister hat den Pokal überreicht. Es ist alles fair verlaufen.

1 Unterstreiche die beiden Teile des Prädikats jeweils rot.

2 Trage die Verben aus der Sprechblase in die Tabelle ein.
Ergänze die **Grundform** und die einfache **Vergangenheit (Präteritum)**.
Schlage im Wörterbuch nach.

Grundform	**zusammengesetzte Vergangenheit (Perfekt)**	**einfache Vergangenheit (Präteritum)**
schicken	sie hat geschickt	sie schickte

3 Suche interessante Überschriften für einen Bericht über das Fußballturnier.

4 Verwende den Text aus der Sprechblase und schreibe einen Bericht über das Fußballturnier. Wähle die **einfache Vergangenheit (Präteritum)**.

Texte für die Zeitung überarbeiten

1 Suche die **Prädikate** (*„**Was tut**“?*). Unterstreiche in jedem Satz beide Teile des Prädikats rot.

2 Schreibe mit den Sprechblasen einen Bericht. Verwende die **einfache Vergangenheit** (**Präteritum**).

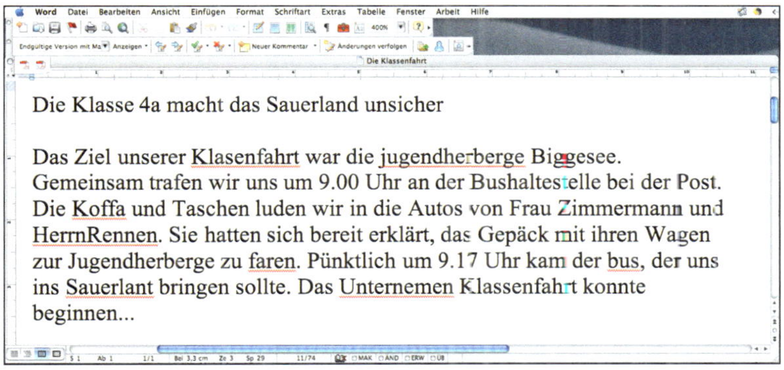
Die Klasse 4a macht das Sauerland unsicher

Das Ziel unserer Klasenfahrt war die jugendherberge Biggesee. Gemeinsam trafen wir uns um 9.00 Uhr an der Bushaltestelle bei der Post. Die Koffa und Taschen luden wir in die Autos von Frau Zimmermann und HerrnRennen. Sie hatten sich bereit erklärt, das Gepäck mit ihren Wagen zur Jugendherberge zu faren. Pünktlich um 9.17 Uhr kam der bus, der uns ins Sauerlant bringen sollte. Das Unternemen Klassenfahrt konnte beginnen...

3 Warum sind in dem Bildschirmtext einige Wörter rot unterschlängelt?

4 Schreibe die Wörter richtig auf:

Beiträge für die Rätselseite

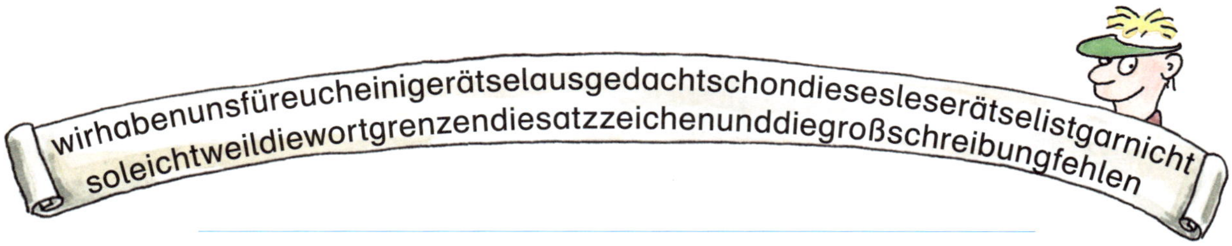

1 Schreibe die Botschaft auf.
Achte auf die Großschreibung und die Satzzeichen.

2 Löse das Kreuzworträtsel.
Gesucht sind Wörter mit **d/t**, **g/k** oder **b/p** am Wortende.

3 Schreibe die Wörter im **Singular** und im **Plural** auf.

4 Entscheide bei dem anderen Rätsel, ob du **e** oder **ä** einsetzen musst.

5 Schreibe die Wörter mit **ä** auf. Schreibe ein verwandtes Wort mit **a** dazu.

Ferienrätsel in der Klassenzeitung

wir begrüßen euch auf der Rätselseite ihr müsst jede Aufgabe lösen Rechtschreibung ist wichtig wer es schafft, findet den Lösungssatz

1 Markiere die Satzgrenzen. Die Anfangsbuchstaben der Sätze bilden den Beginn des Lösungssatzes: ____________

ÜBUNG SAUBER NOTE SCHLUSS HUNGRIG
COMPUTER FRISCH HERZ BAUEN ENDE

2 Markiere die Wörter mit Farbstiften nach Nomen, Verben und Adjektiven. Die Anfangsbuchstaben der Nomen führen den Lösungssatz weiter: ____________

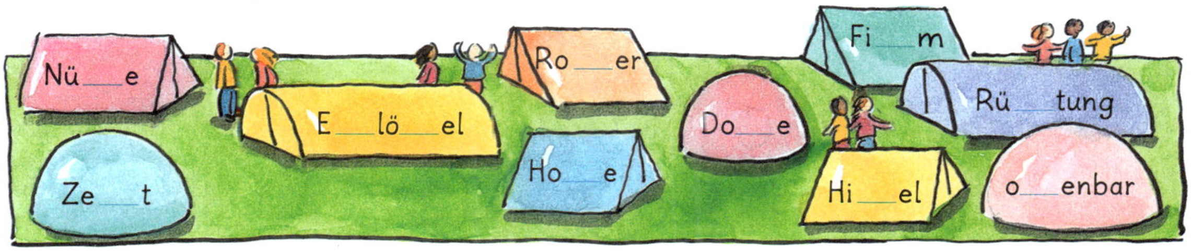

3 Ergänze die fehlenden Konsonanten. Die Anfangsbuchstaben der Wörter mit doppelten Konsonanten brauchst du für den Lösungssatz: ____________

Lan (d/t) Sie (b/p) Wu (t/d) Abflu (g/k) Stadtpar (g/k)
Fabri (g/k) Mon (t/d) Erfol (g/k) Bro (d/t) Aufenthal (d/t)

4 Streiche den falschen Endbuchstaben durch. Die Anfangsbuchstaben der Wörter mit b, d, g gehören in den Lösungssatz: ____________

äu / eu			ä / e		
	tr__men	fr__en	n__hen	Ins__l	
	umr__men	B__me	W__rme	erk__nnen	
	ern__ern	R__e	N__st	erk__lten	

5 Ergänze die fehlenden Vokale. Die Anfangsbuchstaben der Wörter mit eu und e vervollständigen den Lösungssatz: ____________

Lösungssatz: ____

TIPPS UND TRICKS

So überarbeite ich meinen Text – allein oder in einer Schreibkonferenz

Wenn du eine Geschichte geschrieben hast, überprüfe sie mit diesen Fragen!

Fehlt etwas?
Fehlt etwas Wichtiges?

Reihenfolge
Stimmt die Reihenfolge?
Ist die Geschichte logisch erzählt?

Passende Überschrift?
Nicht zu viel verraten.
Zum Lesen verlocken.

Wer ist dabei? Wer erzählt?
Welche Personen erleben etwas?

Satzanfänge
Sind die Satzanfänge abwechslungsreich?
Du kannst die Sätze auch umstellen.

Stimmt die Erzählzeit?
Hast du die Zeitform gewechselt?

Spannung?
An welchen Stellen ist die Geschichte besonders spannend?

Treffende Ausdrücke?
Hast du treffende Wörter verwendet?

Einleitung – Hauptteil – Schluss
Einleitung: Wer? Wann? Wo?
Hauptteil: Was passiert? Warum?
Schluss: Wie endet es?

1 Du kannst deinen Text mit den Karten selbst überprüfen.

2 Du kannst mit anderen Kindern deinen Text überprüfen:
- Lies den Kindern den Text vor. Zuerst sollen sie dir sagen, was ihnen gefallen hat.
- Dann sucht sich jedes Kind eine Überarbeitungskarte aus.
- Lies deinen Text noch einmal vor.
- Die Kinder überprüfen dabei deinen Text mit den Überarbeitungstipps.

Durch Umstellen der Satzglieder werden meine Satzanfänge abwechslungsreicher.

Die Kinder fahren mit dem Bus zum Zoo.

Die Kinder schauen zuerst den Affen zu.

Die Kinder gehen danach zu den Löwen.

1 Stelle die Sätze um und rahme die Satzglieder ein.

2 Schreibe die Sätze so auf, dass jeder Satz anders beginnt.

3 Markiere in jedem Satz Subjekt und Prädikat.

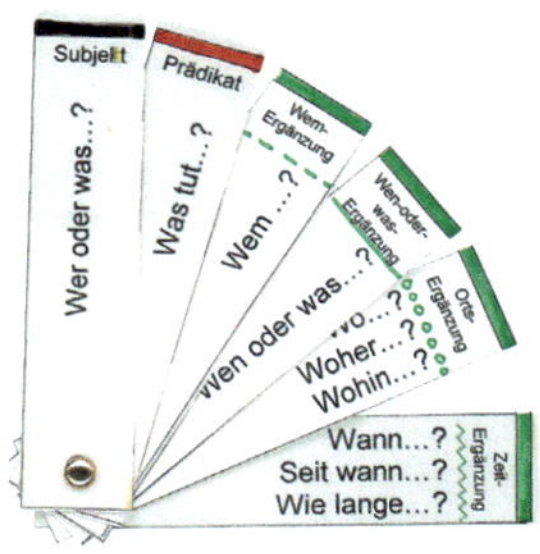

Vollständige Sätze enthalten Subjekt und Prädikat. Mit den Ergänzungen kannst du etwas genauer beschreiben.

Heute / scheint / die Sonne.

Anne / packt / Saft und Kekse / in einen Korb.

Sie / fährt / gleich nach der Schule / zum Picknickplatz.

Seit fünf Minuten / wartet / ihre Freundin Anne / am Park.

Jede / packt / ihre Picknicksachen / aus.

4 Frage nach den Satzgliedern und unterstreiche sie. Benutze dazu den Satzgliedfächer. Achte auf das Prädikat, das aus zwei Teilen besteht.

Korrekturzeichen helfen bei der Überarbeitung

Korrekturzeichen	
R Rechtschreibfehler	A unpassender Ausdruck
Z falsche Zeit	√ fehlendes Wort
	W Wiederholung

Detektiv Max

Ferien
Die Ferin waren langweilig. Max sah aus dem Fenster in Nachbars R
Garten. Max beobachtete, wie Paul und Ole sich aus Frau Grünkerns W
Gartn schlichen. Ihre Pullover waren vorne ausgebeult. Max beeilte R
sich, um mehr gucken zu können. Er rennt die Treppe hinunter und A Z
verfolgte die beiden Jungen. Von der Straße aus sah er, wie sie etwas
in den Garten von irem Onkel Theo stellten. Es waren R
die Zwerge Frau Grünkerns Garten. √

1 Achte auf die Korrekturzeichen und verbessere den Text.

2 Schreibe den verbesserten Text auf.

Max wartete hinta einem Busch neben dem Gartentor von Onkel Theo. Als die Jungen zu kamen, stellte er sich ihnen in den Weg. Ole und Paul erschraken. Max kommt gleich zur Sache. „Ihr habt die Gartenzwerge bei Frau Grünkern entwendet“, sagte er. Die Jungen schauten sich an. „Es sollte ein Geschenk von Frau Grünkern für Onkl Theo sein“, sagte Paul.

3 Verbessere die Fehler und trage diese Korrekturzeichen in den Text ein:
R, √, Z, W, R

4 Schreibe den verbesserten Text auf.

So schlage ich im Wörterbuch nach:

Anne aß mehr sonnengelbe Vitaminbonbons als ihre älteren Brüder.

1 Schlage die Wörter in deinem Wörterbuch nach und notiere die Seite:

- **Nomen** musst du in der Einzahl suchen.

  Brüder findest du bei *Bruder* Seite: ____.

- **Zusammengesetzte Nomen** musst du unter den einzelnen Wörtern suchen.

  Vitaminbonbon findest du unter *Vitamin* Seite: ____ und

  Bonbon Seite: ____.

- **Verben** musst du in der Grundform suchen.

  Die Verbform *aß* findest du unter *essen* Seite: ____.

- **Adjektive** musst du in der Grundstufe suchen.

  Das Adjektiv *mehr* findest du unter *viel* Seite: ____,

  älter findest du unter *alt* Seite: ____.

- **Zusammengesetzte Adjektive** musst du unter den einzelnen Wörtern suchen.

  Das Adjektiv *sonnengelb* findest du unter *Sonne* Seite: ____ und

  gelb Seite: ____.

- Für manche Laute gibt es verschiedene Schreibmöglichkeiten. *Vitamin* hört sich im Anlaut an wie *W*, du musst es aber bei *V* suchen.

Kontrolliere, ob du die Tipps verstanden hast:

1. Das Wort ***Sträucher*** schlage ich nach unter dem Wort: ____________
2. Das Wort ***las*** schlage ich nach unter: ____________
3. Das Wort ***besser*** schlage ich nach unter: ____________
4. Das Wort ***Ferienprogramm*** schlage ich nach unter: ____________

   und ____________

Die zweiten Buchstaben der Wörter ergeben die Lösung: ____________

So setze ich die Zeichen bei der wörtlichen Rede:

Begleitsätze können vor und nach der wörtlichen Rede stehen:

Begleitsatz	:	„	wörtliche Rede	.	“
Begleitsatz	:	„	wörtliche Rede	?	“
Begleitsatz	:	„	wörtliche Rede	!	“

„	wörtliche Rede		“	,	Begleitsatz	.
„	wörtliche Rede	!	“	,	Begleitsatz	.
„	wörtliche Rede	?	“	,	Begleitsatz	.

Neulich sagte die Lehrerin	Heute schreiben wir eine Geschichte.	
	Zu welchem Thema	wollte Robin wissen.
	Heute bin ich der Chef	antwortete Frau Baum.
Nach einer Weile fragte sie Robin	Warum fängst du nicht an	
	Ich warte auf meine Sekretärin	entgegnete Robin

1 Schreibe den Witz ab.
Achte auf die Zeichensetzung bei der wörtlichen Rede.

Wortfelder helfen dir, etwas treffend auszudrücken oder ein Wort zu ersetzen, das du bereits verwendet hast.

1 Schreibe die Wörter nach Wortfeldern geordnet auf.

sagen	machen	schnell	früher

Tim sagt: „Heute machen wir weiter mit unserem Baumhaus.“ „Richtig, wir müssen ja noch eine Bank machen“, sagt Alex. „Aber die können wir nicht alleine machen, da muss uns mein Vater helfen“, sagt Tim. „Wenn man etwas zusammen macht, macht das richtig Spaß“, sagt Alex.

2 Lies den Text. Unterstreiche die Verben, die sich wiederholen.

3 Setze an einigen Stellen andere Verben ein. Schreibe den Text auf.

Verben geben die Erzählzeit an.

1 Was tut die Kommissarin gerade, was hat sie schon getan und was wird sie in Zukunft tun? Schreibe die Sätze auf.

Gegenwart: ______

Zusammengesetzte Vergangenheit: ______

Zukunft: ______

2 Unterstreiche immer die Zeitformen der Verben.

Täter gesucht!

Detektiv Kniffel erhält einen Anruf. Der Tatort ist die Villa Winkel. Kniffel fährt zum Tatort. Eine junge Dame berichtet ihm vom Diebstahl. „Ich saß im Garten und bin nur kurz ins Haus gegangen. Meine Kette habe ich auf diesem Tisch liegen gelassen“, sagt die junge Frau. Kniffel betrachtet die Sitzgruppe. Unter dem Tisch bemerkt er eine Feder. Dann schaut er zum Baum und sieht eine Elster. „Ich kenne den Täter“, ruft Kniffel und lacht.

3 Unterstreiche die Verben im Text.

4 Schreibe den Text in der einfachen Vergangenheit auf.
Achtung: In der wörtlichen Rede ändert sich die Zeitform nicht.

Vorangestellte Wortbausteine

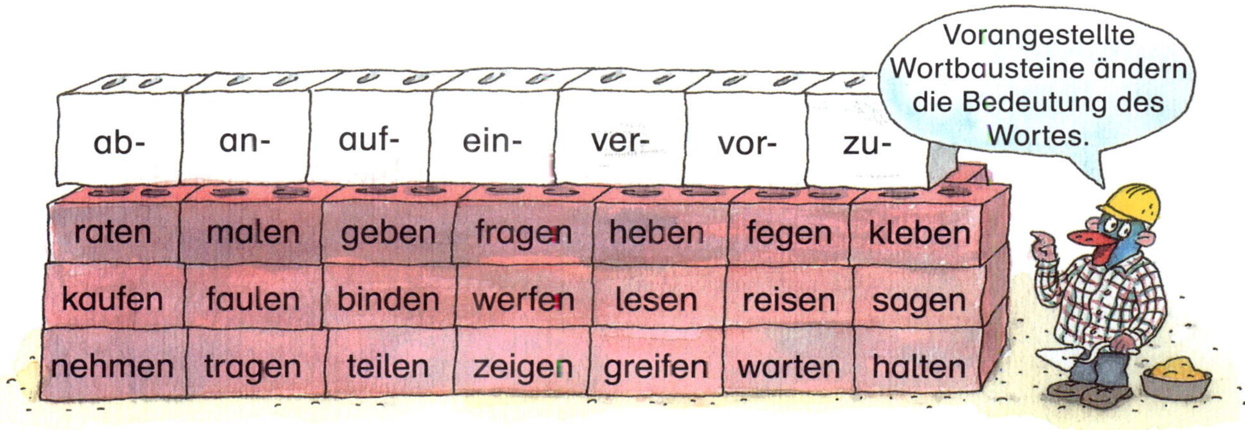

1 Bilde mit den Wortbausteinen sinnvolle Wörter.
Schreibe sie geordnet auf:
ab-: abkaufen, ...

Nachgestellte Wortbausteine

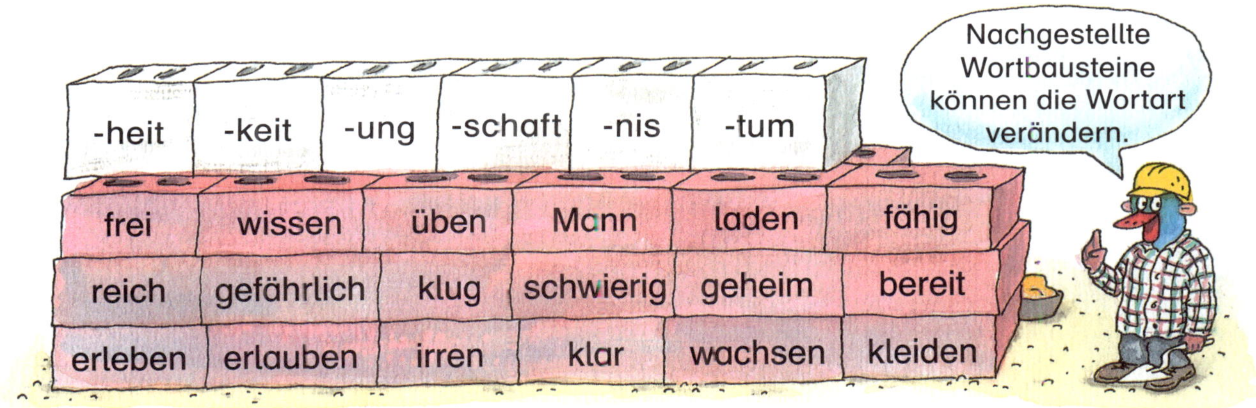

-heit: ______

-keit: ______

-ung: ______

-schaft: ______

-nis: ______

-tum: ______

2 Bilde Nomen und schreibe sie auf. Denke an die Großschreibung.

3 Markiere die Wortbausteine und den Anfangsbuchstaben: Freiheit, ...

WÖRTERLISTE

A

abbiegen, er biegt ab, er bog ab, er ist abgebogen
das **Abenteuer**, die Abenteuer
annehmen, sie nimmt an, sie nahm an, sie hat angenommen
anschließend
der **Anwalt**, die Anwälte
der **Anzug**, die Anzüge
der **Apotheker**, die Apotheker
die **Apothekerin**, die Apothekerinnen
ärgern, sie ärgert, sie ärgerte, sie hat geärgert
das **Argument**, die Argumente
aufbauen, sie baut auf, sie baute auf, sie hat aufgebaut
aufschrecken, er schreckt auf, er schreckte auf, er ist aufgeschreckt
die **Ausbildung**, die Ausbildungen
aushöhlen, sie höhlt aus, sie höhlte aus, sie hat ausgehöhlt
außerdem
ausstellen, er stellt aus, er stellte aus, er hat ausgestellt
die **Ausstellung**, die Ausstellungen
auswählen, er wählt aus, er wählte aus, er hat ausgewählt
ausziehen, sie zieht aus, sie zog aus, sie ist ausgezogen

B

bärenstark
beenden
befreien, er befreit, er befreite, er hat befreit
begegnen, sie begegnet, sie begegnete, sie ist begegnet
beißen, es beißt, es biss, es hat gebissen
beobachten, sie beobachtet, sie beobachtete, sie hat beobachtet
der **Beruf**, die Berufe
beruhigen, er beruhigt, er beruhigte, er hat beruhigt
berühmt, berühmter, am berühmtesten
beschließen, sie beschließt, sie beschloss, sie hat beschlossen,
die **Bevölkerung**, die Bevölkerungen
die **Biene**, die Bienen
der **Biss**, die Bisse
bisschen
bleiben, es bleibt, es blieb, es ist geblieben
der **Blitz**, die Blitze
bloß
der **Brand**, die Brände
brennend
bringen, er bringt, er brachte, er hat gebracht
die **Brücke**, die Brücken
die **Burg**, die Burgen

C

der **Campingplatz**, die Campingplätze
der **Comic**, die Comics
der **Computer**, die Computer

D

der **Dachs**, die Dachse
dampfen, es dampft, es dampfte, es hat gedampft
daneben
demnächst
deutsch
diese
diesmal

die **Digitalkamera**, die Digitalkameras
die **Diskussion**, die Diskussionen

draußen
drehen, er dreht, er drehte, er hat gedreht
drohen, er droht, er drohte, er hat gedroht
drucken, er druckt, er druckte, er hat gedruckt
die **Dunkelheit**
durchsichtig, durchsichtiger, am durchsichtigsten

E

echt
das **Eichhörnchen**, die Eichhörnchen
der **Einsatz**, die Einsätze
einstürzen, es stürzt ein, es stürzte ein, es ist eingestürzt
endlich
entdecken, er entdeckt, er entdeckte, er hat entdeckt
entstehen, es entsteht, es entstand, es ist entstanden
entwickeln, er entwickelt, er entwickelte, er hat entwickelt
das **Erlebnis**, die Erlebnisse
ernähren, sie ernährt, sie ernährte, sie hat ernährt
erschrecken, er erschrickt, er erschrak, er ist erschrocken
erzählen, sie erzählt, sie erzählte, sie hat erzählt
die **Erzieherin**, die Erzieherinnen
essen, er isst, er aß, er hat gegessen
extra

F

fahren, sie fährt, sie fuhr, sie ist gefahren
fallen, sie fällt, sie fiel, sie ist gefallen
färben, er färbt, er färbte, er hat gefärbt
fast
der **Fehler**, die Fehler
fertig
die **Feuerwehr**, die Feuerwehren
die **Flagge**, die Flaggen
die **Flamme**, die Flammen
fließen, es fließt, es floss, es ist geflossen
flink, flinker, am flinkesten
die **Flosse**, die Flossen
flüstern, sie flüstert, sie flüsterte, sie hat geflüstert
die **Försterin**, die Försterinnen
fotografieren, er fotografiert, er fotografierte, er hat fotografiert
fremd, fremder, am fremdesten
fressen, er frisst, er fraß, er hat gefressen
der **Freund**, die Freunde
die **Freundin**, die Freundinnen
freundlich, freundlicher, am freundlichsten
die **Freundschaft**, die Freundschaften
friedlich, friedlicher, am friedlichsten
frieren, er friert, er fror, er hat gefroren
früher
führen, sie führt, sie führte, sie hat geführt
funktionieren, es funktioniert, es funktionierte, es hat funktioniert
der **Fuß**, die Füße

G

ganz
das **Gebäude**, die Gebäude
geben, er gibt, er gab, er hat gegeben

das **Gedicht**, die Gedichte
gefährlich, gefährlicher
am gefährlichsten
die **Gefangenschaft**
das **Gefühl**, die Gefühle
das **Gehäuse**, die Gehäuse
das **Geheimnis**, die Geheimnisse
gehen, er geht, er ging,
er ist gegangen
das **Geld**, die Gelder
gelten, es gilt, es galt,
es hat gegolten
das **Gemälde**, die Gemälde
das **Gerät**, die Geräte
das **Geschäft**, die Geschäfte
gestern
gesund, gesünder,
am gesündesten

das **Gewächs**, die Gewächse
das **Gewässer**, die Gewässer
das **Gewitter**, die Gewitter
gewöhnlich, gewöhnlicher,
am gewöhnlichsten
gießen, sie gießt, sie goss,
sie hat gegossen
gleichauf
glucksen, sie gluckst, sie gluckste,
sie hat gegluckst
glühen, es glüht, es glühte,
es hat geglüht
graben, sie gräbt, sie grub,
sie hat gegraben
die **Gruft**, die Grüfte
der **Gruß**, die Grüße
grüßen, sie grüßt, sie grüßte,
sie hat gegrüßt

H

der **Hai**, die Haie
das **Handy**, die Handys
häufig, häufiger, am häufigsten
das **Haus**, die Häuser
heftig, heftiger,
am heftigsten

heiß, heißer,
am heißesten
helfen, er hilft, er half,
er hat geholfen
das **Hemd**, die Hemden
die **Hitze**
die **Höhle**, die Höhlen
das **Holz**, die Hölzer
die **Homepage**, die Homepages

I

die **Idee**, die Ideen
ihm
ihn
ihr
die **Insel**, die Inseln
das **Internet**
das **Interview**, die Interviews
italienisch

J

jährlich
die **Jeans**, die Jeans
jemand
jetzt
das **Judo**

K

der **Kaiser**, die Kaiser
der **Kakao**, die Kakaos
die **Kamera**, die Kameras
der **Kamin**, die Kamine
kämpfen, er kämpft, er kämpfte,
er hat gekämpft
die **Kanne**, die Kannen
das **Kind**, die Kinder
kippen, er kippt, er kippte,
er hat gekippt

die **Kiste**, die Kisten
der **Klecks**, die Kleckse
das **Kleid**, die Kleider
knacken, er knackt, er knackte, er hat geknackt
knacksen, es knackst, es knackste, es hat geknackst
der **Knappe**, die Knappen
knarren, es knarrt, es knarrte, es hat geknarrt

der **Knicks**, die Knickse
das **Knie**, die Knie
der **Knoblauch**
kommen, er kommt, er kam, er ist gekommen
der **Kompass**, die Kompasse
der **Konflikt**, die Konflikte
der **König**, die Könige
kräftig, kräftiger, am kräftigsten
der **Krebs**, die Krebse
die **Kunst**, die Künste
der **Kutter**, die Kutter

L

das **Land**, die Länder
laufen, er läuft, er lief, er ist gelaufen

lebendig, lebendiger, am lebendigsten
leer
lesen, er liest, er las, er hat gelesen
das **Lexikon**, die Lexika
das **Licht**, die Lichter
links
lodern, es lodert, es loderte, es hat gelodert
löschen, er löscht, er löschte, er hat gelöscht
die **Lücke**, die Lücken
der **Luftzug**

M

der **Mais**
manchmal
die **Mandarine**, die Mandarinen
das **Meer**, die Meere
messerscharf
modrig, modriger, am modrigsten
morgen
der **Morgen**, die Morgen
die **Mühe**, die Mühen
musizieren, er musiziert, er musizierte, er hat musiziert
müssen, sie muss, sie musste, sie hat gemusst

N

der **Nachmittag**, die Nachmittage
nah, näher, am nächsten
die **Nahrung**
nämlich
nass, nasser oder nässer, am nassesten oder am nässesten
nehmen, er nimmt, er nahm, er hat genommen
nervös, nervöser, am nervösesten
das **Netz**, die Netze
niedergeschlagen, niedergeschlagener, am niedergeschlagensten

O

ob
das **Obst**
offen
ohne
das **Ohr**, die Ohren
die **Ordnung**

P

das **Paar**, die Paare
das **Papier**, die Papiere
der **Park**, die Parks
das **Pferd**, die Pferde
die **Pflanze**, die Pflanzen
plötzlich
die **Praxis**, die Praxen
privat
das **Produkt**, die Produkte
das **Programm**, die Programme
das **Projekt,** die Projekte
das **Publikum**

Q

die **Qualle**, die Quallen
das **Quartett**, die Quartette
die **Quelle**, die Quellen
quer
das **Quiz**, die Quiz

R

das **Rad**, die Räder
der **Reichtum**, die Reichtümer
richtig
der **Ritter**, die Ritter
die **Rosine**, die Rosinen
rufen, er ruft, er rief,
er hat gerufen
ruhig, ruhiger,
am ruhigsten

die **Ruine**, die Ruinen
die **Rüstung**, die Rüstungen

S

der **Saft**, die Säfte
Saite, die Saiten
sammeln, er sammelt,
er sammelte, er hat gesammelt
der **Sand**
der **Sänger**, die Sänger
der **Schatz**, die Schätze
schlagen, er schlägt, er schlug,
er hat geschlagen
schleppen, er schleppt,
er schleppte, er hat geschleppt
die **Schlichtung**, die Schlichtungen
schließen, sie schließt,
sie schloss, sie hat geschlossen
schließlich
schlottern, er schlottert,
er schlotterte, er hat geschlottert
schmutzig, schmutziger
am schmutzigsten
die **Schnecke**, die Schnecken
schöpfen, er schöpft, er schöpfte,
er hat geschöpft
der **Schreck**, die Schrecke *oder:*
der **Schrecken**, die Schrecken
schreiben, er schreibt, er schrieb
er hat geschrieben
schreien, sie schreit, sie schrie,
sie hat geschrien
die **Schubkarre**, die Schubkarren
schützen, sie schützt, sie schützte
sie hat geschützt
das **Schwert**, die Schwerter
schwören, er schwört,
er schwor, er hat geschworen
sechs
selbst
setzen, sie setzt,
sie setzte, sie hat gesetzt
sich
sieben
die **Siegerin**, die Siegerinnen
singen, sie singt, sie sang,
sie hat gesungen
sitzen, er sitzt, er saß,
er hat gesessen
das **Skelett**, die Skelette
der **Sommer**, die Sommer

spannend, spannender,
am spannendsten
später
der **Specht**, die Spechte
spielen, er spielt,
er spielte, er hat gespielt
die **Sprache**, die Sprachen
sprechen, sie spricht,
sie sprach, sie hat gesprochen
der **Sprint**, die Sprints
der **Sprinter**, die Sprinter
die **Sprinterin**, die Sprinterinnen
spritzen, es spritzt,
es spritzte, es hat gespritzt
die **Spur**, die Spuren
das **Stadion**, die Stadien
die **Stadt**, die Städte
stark, stärker,
am stärksten

der **Staub**
der **Stich**, die Stiche
der **Stiefel**, die Stiefel
die **Stimme**, die Stimmen
stöhnen, er stöhnt,
er stöhnte, er hat gestöhnt
der **Strand**, die Strände
strecken, sie streckt, sie streckte,
sie hat gestreckt
der **Streit**, die Streite
studieren, sie studiert,
sie studierte, sie hat studiert
die **Szene**, die Szenen

T

tatsächlich
tausend
teilnehmen, sie nimmt teil,
sie nahm teil, sie hat teilgenommen
teuer, teurer, am teuersten
das **Theater**, die Theater
der **Thron**, die Throne
toben, er tobt, er tobte,
er hat getobt
trainieren, sie trainiert,
sie trainierte, sie hat trainiert
traurig, trauriger,
am traurigsten
tricksen, sie trickst, sie trickste,
sie hat getrickst
trinken, er trinkt, er trank,
er hat getrunken
trotz
trotzdem
die **Truhe**, die Truhen
das **T-Shirt**, die T-Shirts

U

überwiegend
die **Umwelt**
ungefähr
die **Universität**, die Universitäten
unzählig
der **Urlaub**, die Urlaube

V

der **Vampir**, die Vampire
der **Vater**, die Väter
verdienen, er verdient,
er verdiente, er hat verdient
verfärben, es verfärbt sich,
es verfärbte sich,
es hat sich verfärbt
die **Verfolgung**, die Verfolgungen
die **Vergangenheit**
verlieren, sie verliert, sie verlor,
sie hat verloren
das **Verlies**, die Verliese
verrückt, verrückter,
am verrücktesten
verschieden
verschneit

verstecken, sie versteckt,
sie versteckte, sie hat versteckt
verstehen, er versteht,
er verstand, er hat verstanden
verteidigen, sie verteidigt,
sie verteidigte, sie hat verteidigt
der **Vertrag**, die Verträge
vertrauen, er vertraut,
er vertraute, er hat vertraut
vertraut, vertrauter,
am vertrautesten
die oder der **Verwandte**, die Verwandten
verwenden, sie verwendet,
sie verwendete, sie hat verwendet
verzieren, er verziert, er verzierte,
er hat verziert
vielleicht
vier
die **Vitrine**, die Vitrinen
der **Vorrat**, die Vorräte
die **Vorsicht**
vorsichtig, vorsichtiger,
am vorsichtigsten

W

wachsen, sie wächst,
sie wuchs, sie ist gewachsen
wählen, er wählt, er wählte,
er hat gewählt
während
wahrscheinlich, wahrscheinlicher,
am wahrscheinlichsten
wandern, sie wandert,
sie wanderte, sie ist gewandert
die **Wasserwaage**, die Wasserwaagen
das **Watt**, die Watten
der **Wechsel**, die Wechsel
weiß
weiterreichen, er reicht weiter,
er reichte weiter,
er hat weitergereicht
die **Welt**, die Welten
wenig, weniger,
am wenigsten
die **Werbung**, die Werbungen
die **Werkstatt**, die Wekstätten
wertvoll, wertvoller,
am wertvollsten
wetten, er wettet,
er wettete, er hat gewettet
die **Wiese**, die Wiesen
wohnen, sie wohnt,
sie wohnte, sie hat gewohnt
die **Wurzel**, die Wurzeln
wütend, wütender, am wütendsten

Z

zahlreich, zahlreicher,
am zahlreichsten
zelten, er zeltet, er zeltete,
er hat gezeltet
zerreißen, sie zerreißt,
sie zerriss, sie hat zerrissen
ziehen, er zieht, er zog,
er hat gezogen
das **Ziel**, die Ziele
die **Zukunft**
züngeln, es züngelt, es züngelte,
es hat gezüngelt
zurück
zwischen